I. Jorissen H. B. Meyer

Zeichen und Symbole im Gottesdienst

INGRID JORISSEN
HANS BERNHARD MEYER SJ

Zeichen und Symbole im Gottesdienst

Sichtbare Zeichen unsichtbarer Wirklichkeiten

TYROLIA-VERLAG
INNSBRUCK-WIEN-MÜNCHEN

Umschlagbild: Das letzte Abendmahl. Richard Seewald. Mit Genehmigung des Herder-Verlages, Freiburg.

ISBN 3-7022-1279-5

1977

Satz, Druck und Buchbinderarbeit
in der Verlagsanstalt Tyrolia
Gesellschaft m. b. H., Innsbruck

Inhalt

Vorwort 7

Erster Teil 9

Vom Wesen des Symbols 11

Die Wirkung des Symbols 12 – Die Allgemeinverständlichkeit von Symbolen und Zeichen 14 – Das christliche Symbol 16

Die Welt der Symbole – den Menschen von heute unzugänglich? 19

Die Grenzen der Vernunft 20 – Der moderne Mensch – liturgieunfähig? 22 – Übergang zu einer neuen Entwicklungsphase 26 – Kosmische Symbole – im technischen Zeitalter unverständlich? 27 – Konsequenzen für den Gottesdienst 33

Symbolerziehung 37

Tradition als Dimension des Menschseins 38 – Voraussetzung jeder Symbolerziehung 41 – Wege der Symbolerziehung 42 – Der Symbolcharakter kirchlicher Feiern 48

Über die Zeichenhaftigkeit christlicher Kunst 53

Aus un-bewußtem Urgrund 54 – Zur künstlerischen Qualität gestalteter Symbole 59 – Glaube als Voraussetzung christlicher Kunst 62

Zweiter Teil 65

Wort und Schweigen 67

Das Wort und seine Abwertung 68 – Stille im Gottesdienst 70 – Schweigen als Zeichen der Ehrfurcht 73

Haltung und Geste 77
Haltung und Geste als Ausdruck des Geistes 78 – Form und Selbstachtung 80 – Die verschiedenen Haltungen 81 – Die Hände 82

Wasser 85
Urelement des Lebens 86 – Sinnbild des Geistes 89 – Die Wandlungsgewalt des Wassers 90 – Lebensspendendes Wasser der Kirche 91

Licht und Feuer 97
Ohne Licht kein Leben 99 – Gott ist Feuer und Licht 100 – Jesus – das Licht der Welt 101 – Licht und Feuer im Gottesdienst 105

Brot und Wein 111
Brot des Lebens 112 – Trank des Lebens 115 – Opfergabe und Verheißung 118

Duftendes Öl und Räucherwerk 121
Hauch aus Gottes Kraft 122 – Balsam und Narde 123 – Myrrhe und Aloe 125 – Öl der Oliven 127 – Weihrauch 130

Der Segen 133
Fruchtbarkeit und Lebensfülle 134 – Gott – Urquell des Segens 135 – Ist die Welt nicht mehr segensbedürftig? 138 – Falsch verstandene Segenshandlungen 142 – Ein wirksames Zeichen 143

Anmerkungen 145

Literaturverzeichnis 147

Vorwort

Wer sich mit wachen Augen eine Werbesendung im Fernsehen anschaut, wird schwerlich behaupten können, wir lebten in einer zeichenarmen Welt: der Bildschirm wimmelt von Zeichen und Signalen. Nicht anders sieht es auf den Tribünen der Fußballfelder, in Auslagen und auf Plakatwänden aus. Muß man, wenn man sich in dieser Flut der Zeichen bemerkbar machen will, das Unerhörte, den Schock, den Umsturz des Gewohnten riskieren? Und was sollen die Christen, was soll die Kirche tun? Sollen sie die anderen noch überschreien – oder schweigen?

Es gibt einen dritten Weg: den Weg zur ordnenden Mitte, in die Tiefe, zur Transparenz einer umfassenden Sinngestalt. Der Jahrmarkt der Zeichen und Signale, der unseren Alltag mit Reizen überflutet, wird von den Gesetzen psychologisch berechneter Werbewirksamkeit gesteuert oder vom – höchst unsicher gewordenen – Geschmack der Manager und Konsumenten. Von ihnen ist anderes als geschmäcklerische oder berechnende Oberflächlichkeit nicht zu erwarten. Zeichen, die nicht mehr fordern und zu nichts weiter motivieren, als eine bestimmte Ware zu kaufen; T-shirts und Fahnen in den Farben eines Sportvereins, die ein Glaubensbekenntnis ersetzen sollen; revolutionäres Pathos auf staatlich subventionierten Bühnen, in politischen Gottesdiensten oder umstürzlerischen Aktionsgruppen; Kerzenlicht und Räucherstäbchen in den eigenen vier Wänden, die nichts weiter als „Stimmung“ verbreiten; all das kann und wird niemandem auf die Dauer genügen.

Hier liegt die Chance und die Aufgabe christlicher Symbole, eines Gottesdienstes, der im Ganzen wie in seinen

Teilvollzügen und Einzelelementen eine tiefere, besser: *die* Wirklichkeit darstellt, ja wirklichkeitserfülltes Zeichen *ist:* Sakrament. Hier gibt es Zeichen, die alles geben: Gott und sein Heil als Grund und Ziel von Welt und Geschichte – und Zeichen, die alles fordern: gläubige Hingabe, Anbetung, Ehrfurcht, Einsatz der Freiheit. Hier wird die Welt als Schöpfung und als Bühne für das Drama der Heilsgeschichte von ihrer Mitte her transparent und gewinnt Sinn. Hier ist strömendes Wasser nicht bloß ein Signal-Reiz für den Erwerb einer Seife, sondern es ist ein die Sinnen-Welt mit der Sinn-Welt vermittelndes Sinn-Bild des Lebens. Hier kommen die Dinge dieser Welt und der Mensch zu sich selbst.

Die einzelnen Abschnitte dieses Buches wollen nicht mehr – freilich auch nicht weniger –, als von einigen Ansatzpunkten her das Symbolverständnis wecken (1. Teil) und an einigen Beispielen zeigen, wie Symbole im konkreten gottesdienstlichen Vollzug den Sinn unseres Lebens mit Gott erschließen und zum Ausdruck bringen (2. Teil).

Ingrid Jorissen
Hans Bernh. Meyer SJ

Erster Teil

Der erste Tanz

Im Anfang war das Chaos. „Die Erde ungeformt und leer. Und der Geist Gottes schwebte über dem Abgrund."

. . . bewegte sich,
Gott bewegte sich,
Gott tanzte.

Gott, in seiner Freude an Gott, tanzte. Im Anfang war die Freude Gottes, diese Liebe, dieser Tanz, dieser Rhythmus.

Und der Rhythmus war so stark, daß das Chaos in Bewegung geriet, das Formlose suchte Form, die Atome begannen auch zu tanzen.

Tretet an zum Tanze,
Seht, wie man tanzt.

Und dem Schwung Gottes gemäß, dem zündenden Befehl seiner Musik gehorsam, haben sie sich aufgestellt, zusammengefügt, zusammengesetzt, in Ordnung gebracht, in Musik gesetzt; sie haben Bilder, Gestalten, Wesen aufgebaut; sie sind Licht, Sterne, Welten, Tiere, Mensch geworden. So schuf Gott den Himmel und die Erde.

Gott tanzt.

Und immerdar währt, breitet sich aus, entwickelt sich der große Rhythmus des Anfangs, der ordnet, aufbaut, sich ewiges Leben nennt.

Marie Noel

Vom Wesen des Symbols

Auch in
Anemonen und Nelken ist das Reich
und die Herrlichkeit,
Herr,
für den,
der es sieht,
der durch alles hindurchsieht –

Auch in uns ist ein Lobgesang,
Preislied und Dankgebet,
Schweigen und
Staunen vor dir,
für den, der es sieht,
der durch alles hindurchsieht –

Auch in uns ist Gleichnis
und Wahrheit
und Leben und Fest –
Schimmer und Skizze
des schönen Schöpfers und
Herrn,
hier unter uns.
Sein Wohlgeruch erfüllt alle
Welt,
und hinter allem
leuchtet auf sein Gesicht,
für den, der es sieht,
der durch alles hindurchsieht
mit durch-sichtigen Augen.

Silja Walter

Ein Symbol ist ein Sinnbild, ein bedeutungsvolles, ja wirksames und verpflichtendes Zeichen, das auf eine geistige Wirklichkeit hinweist und sie vergegenwärtigt. Symballein heißt verflechten, zusammenfügen, zusammenwerfen, im übertragenen Sinn: Einheit schaffen. Als Symbol bezeichnete man ursprünglich jenes abgebrochene Teil eines Ringes, einer Tafel, eines Geldstücks, eines Würfels oder eines anderen Gegenstandes, dessen Bruchkante sich mit der des anderen Teiles wieder nahtlos zusammenfügen ließ. Bei einer Trennung gaben Freunde sich die beiden ineinanderpassenden Bruchstücke, die sogar jeweils den Nachkommen vererbt wurden. So ermöglichte man nicht nur ein irrtumsfreies Wiedererkennen, sondern sicherte auch die Zukunft der einmal geschlossenen Freundschaft, gab ihr Dauer und Bestand über die Zeiten hinweg: durch die Vereinigung der Bruchstücke zu einem Ganzen wurde zeichenhaft die durch räumliche und zeitliche Trennung nur scheinbar aufgegebene Gemeinschaft wiederhergestellt.
Das Symbol zielt also auf Wiedererkennen. Es ruft uns einen Sachverhalt ins Bewußtsein, um den wir in einer tieferen Schicht unseres Wesens immer wissen, und den wir – als der Wahrheit entsprechend – anerkennen. Der Sinn der symbolischen Handlung ist die Wiederherstellung oder das Wieder-ins-Licht-Stellen einer verborgenen Wahrheit. Das Symbol steht stellvertretend für eine geistige Realität, die an ihm ablesbar wird: es ist sichtbares Zeichen einer unsichtbaren Wirklichkeit.

Die Wirkung des Symbols

Wir leben in einer Welt der Zeichen und Symbole, die Erkenntnisse vermitteln und Gemeinschaft entstehen lassen.

Was Menschen einander mit Worten nur unvollkommen oder gar nicht sagen können, läßt sich durch Zeichen und Symbole mitteilen. Das Symbol wendet sich nicht vor allem an unseren Verstand, vielmehr wird seine Botschaft intuitiv, auf dem Weg über unser Empfinden, unser Gefühl erfaßt; es spricht die Innerlichkeit des Menschen an, seine Tiefen. Nicht dem logischen Denken offenbart sich sein eigentlicher Sinn; wir werden vielmehr von der Wahrheit, auf die es verweist, unmittelbar betroffen: „Das Symbol ergreift den Geist durch die Sinne und hält ihn doch nicht in diesen fest; es eröffnet ihm Weiten und Tiefen und entläßt ihn doch nicht in die Freiheit der Phantasie. Die Anschauung spiegelt nicht nur wider, sondern weckt Kräfte, Erwartungen, Befürchtungen, Strebungen. Der Erkennende erfährt nicht nur etwas draußen, sondern auch sich selber. Ruhendes gerät in Bewegung, verschattete Bilder glänzen auf, Tiefen des Unbewußten heben sich dem Bewußtsein entgegen. Nur durch seine Gegenwart wirkt das Symbol.“ [1]

Wer sich in Worten ausdrückt, ist immer in Gefahr, die Wirklichkeit zu verzeichnen und mißverstanden zu werden. Das treffende Wort läßt sich häufig nicht sogleich finden. Mit Worten lassen sich jeweils nur einzelne Aspekte, nur Bruchstücke darstellen und nur im zeitlichen Nacheinander kann man versuchen, das, was ausgesagt werden soll, begreifbar und anschaulich zu machen. Wo es um Wissen und Erfahrungen geht, die unsere sinnlich erkennbare Welt übersteigen, zeigt sich die Begrenztheit sprachlicher Möglichkeiten; sie lassen das Unendliche endlich erscheinen. Im allgemeinen gelingt es nur bedeutenden Schriftstellern und Dichtern, „Unsagbares“ in Worte zu fassen. Das Symbol hingegen läßt uns die Ganzheit und Fülle der Wirklichkeit ahnen; es er-greift uns und führt uns zur Erkenntnis eines anderen Seins. Es wirkt gemeinschaftsbildend, weil es gleiche Einsichten, Anschauungen und Empfindungen weckt: „Die Übereinstimmung in der Verehrung von Symbolen auf der ganzen Welt ist begründet in der gemeinsamen menschlichen Natur, die gleiches empfindet und gleiches hervorbringt.“[2]

Die Allgemeinverständlichkeit von Symbolen und Zeichen

Von daher erklärt sich, daß ein großer Teil von Zeichen und Symbolen ohne besondere Voraussetzungen von jedem verstanden wird: sie rufen spontan überall die gleichen Vorstellungen wach. Viele der heute international gebräuchlichen Symbole der Straßenverkehrsregelung können ohne Erklärungen von den Autofahrern aller Länder und Erdteile begriffen werden. Im Reklamewesen verwendet man Symbole, deren Botschaft Menschen aller Intelligenzstufen verstehen. Politische Symbole schaffen Einheit – sowohl unter den Sympathisanten wie unter den Gegnern eines Systems, dessen Ideologie sie repräsentieren. Man macht sich in der Politik, in der Werbung, in allen Bereichen der Kommunikation und des gesellschaftlichen Lebens ganz allgemein eine uralte Erfahrung zunutze: daß es Zeichen gibt, die überall anzutreffen sind und universal verstanden werden. Hier ist aber zu unterscheiden zwischen jenen Urbildern, die aus jahrtausendealter Menschheitserfahrung stammen, die unverändert übernommen und weitergegeben werden und den Denkbildern, die durch persönliche Erfahrungen und Vorstellungen von Kindheit an entstehen und sich im Verlauf eines Lebens vertiefen und festigen. Zu den ersteren gehören Archetypen wie Wasser, Erde und Licht, Speise, Trank und unzählige andere, deren Sinngehalt man nur bedingt erklären, deren lebendige Reichhaltigkeit jedoch ohne bewußtes Überlegen erfaßt werden kann: die Innerlichkeit solcher Symbole teilt sich mit, weil sie die Innerlichkeit des Menschen spiegelt und Antwort auf seine wesentlichsten Bedürfnisse gibt. Man kann beobachten, daß die Bedeutung solcher Archetypen von allen Menschen unmittelbar verstanden wird, ohne daß man sie ihnen je mitteilt oder in irgendeiner Form suggeriert. Sie wurden und werden in der Kunst, in der Poesie, der Literatur, der Volkskunst und im Liedgut aller Zeiten als Motive verwendet. Man findet ihre Spuren sogar in prähistorischen Funden. Sie haben Menschen aller Epochen angesprochen und Menschen aller Epochen haben sich durch sie mitgeteilt. Denkbilder hingegen, „die ihre besonderen positiven und negativen emotionalen Akzente aus der persönlichen, meist der Kindheit entstammenden Erfahrung erhalten haben“[3], besitzen selbstverständlich nicht die gleiche Allgemeingültigkeit und Verbindlichkeit. Sie sind geprägt von der jeweiligen Kultur, von den spezifischen Zeitumständen und Umweltbedingungen. In ihnen finden zwar Einsichten ihren Niederschlag, die über das nur Subjektive hinaus ein gewisses Maß an Allgemeinverständlichkeit haben und auch für andere Menschen gültig sind, die aber nicht die überzeitliche Bedeutsamkeit der Archetypen erreichen, die „Kennzeichen“ und „Vorzeichen, Wahrzeichen und Heilszeichen“ sind und denen „der Charakter der Verweisung und der Stellvertretung “[4] eigen ist. Zu solchen zeit- und umweltbedingten Zeichen gehören beispielsweise die sogenannten Statussymbole, denen gerade heute so viel Bedeutung beigemessen wird, oder auch politische Embleme wie das Hakenkreuz, Sichel und Hammer, deren Sinngehalt man schon den Kindern nahebringt.

Für den religiösen Kult haben jedoch nicht solche Denkbilder, sondern die Urbilder mit ihrem tiefen Symbolgehalt eine besondere Bedeutung. Hier muß sich individuelle Frömmigkeit einordnen in den offiziellen Vollzug eines Gottesdienstes nach festgelegten Riten. Dabei kommt die gemeinschaftsschaffende und gemeinschaftserhaltende Kraft der Symbole vor allem zum Tragen. Ein Beispiel dafür, wie eine Gruppe von Menschen, die in Glaube und Hoffnung verbunden sind, Antwort zu geben versucht auf jene Botschaft, die ihr durch kosmische Zeichen vermittelt wurde, ist das folgende Gebet der Sioux:

„O großer Geist, dessen Stimme ich in den Winden vernehme,
und dessen Atem der ganzen Welt Leben spendet, höre mich.
Ich trete vor dich hin als eines deiner vielen Kinder.
Ich bin klein und schwach. Ich bedarf deiner Kraft und Weisheit.
Laß mich in Schönheit wandeln
und meine Augen immer den roten purpurnen Sonnenuntergang schauen.
Laß meine Hände die Dinge verehren, die du gemacht hast,
und meine Ohren deine Stimme hören.
Schenke mir Weisheit, daß ich die Lehre,
die du in jedem Blatt und jedem Felsen verborgen hast, erkennen möge."

(Nach Jörg Zink)

Das christliche Symbol

Im Kosmos, in der von Gott ins Dasein gerufenen Welt, ist alles Sinnbild, weist alles auf den göttlichen Geist, den Urgrund allen Lebens hin: „Alles Vergängliche ist nur ein Gleichnis" (Goethe), in dem Unvergängliches sich kundtut, denn „alles Wahrnehmbare zeigt weder völlige Abwesenheit noch offenbare Gegenwärtigkeit des Göttlichen, wohl aber die Gegenwart eines Gottes, der sich verborgen hält. Alles trägt diesen Charakter." (Pascal) Alles sinnlich Erfahrbare steht in innerem Bezug zur transzendenten Wirklichkeit und deutet auf sie hin.

Die Aussagekraft der verschiedenen Symbole, ihre geistige Dichte, ist aber graduell verschieden. „Wenn wir die unabsehbar weite Welt der Symbole überschauen, so bemerken wir verschiedene Bereiche, die aufeinander beruhen, ineinandergreifen und . . . in aufsteigender Linie fortschreiten: Die Grundlage bildet die natürliche Symbolik des Kosmos, durch die jeder Mensch Gott zu erkennen vermag. Diese wird in der Folge durch die biblische Offenbarung und ihre Typen mit dem Sinn einer neuen, heilsgeschichtlichen Symbolik erfüllt, um ihren Höhepunkt im Christusmysterium zu erreichen, das sich in der Kirche und ihren Sakramenten fortsetzt und auswirkt und in der Glorie zur Vollendung gelangt.“ [5]

Im Symbol kommen verschiedene Seinsebenen zusammen. Die raumzeitliche, wahrnehmbare Gestalt ist Träger einer überzeitlichen, verborgenen Wahrheit. Die Gestalt kann nicht willkürlich gewählt werden; sie ist nicht zufällig, sondern steht mit dem, was sie aussagt, in innerem Zusammenhang. Ebensowenig kann ein Symbol beliebig interpretiert werden. Wie im Menschen Leib und Seele aufeinander bezogen eine Einheit bilden, so drückt sich auch beim Symbol die geistige Substanz in einer ihr gemäßen Form aus. Deshalb ist es nicht erstaunlich, daß wir im Heidentum, in den nichtchristlichen Religionen wie im Christentum eine Fülle gleicher Zeichen und Symbole finden. Das von Kritikern der Kirche häufig gebrauchte Argument, das Christentum habe sich lediglich der vorgefundenen Formen bemächtigt und ihnen einen neuen Sinn gegeben, ist nicht stichhaltig. In Wahrheit wurde durch die Offenbarung Gottes in Jesus Christus die natürliche Symbolik des Kosmos dem Menschen verständlicher; sie erschloß sich ihm in einer Tiefe, zu der er vor der Menschwerdung Gottes noch keinen Zugang hatte.

Auch in einer anderen Hinsicht brachte das Christentum ein neues Symbolverständnis. Indem Christus die falsche Unterscheidung von Profanem und Sakralem als der Wirklichkeit nicht entsprechend zurückwies, konnte die ganze Welt als Sinnbild Gottes erkannt werden. In ihr ist der aus Materie und Geist geschaffene Mensch selbst ein symbolisches Wesen, das durch seinen Ursprung und seine Berufung auf die Existenz und das Wirken seines Schöpfers hinweist. Das aussagestärkste und höchste aller Symbole aber, das durch nichts ersetzt oder übertroffen werden kann, ist der Gott-Mensch Jesus Christus. Er ist das wirklichkeitserfüllte Bild (Realsymbol) der Gegenwart Gottes in seiner Schöpfung: „Das Bild des unsichtbaren Gottes ist er, der Erstgeborene vor aller Schöpfung; denn in ihm ward alles erschaffen, was im Himmel und auf Erden ist: das Sichtbare und das Unsichtbare, Throne, Herrschaften, Mächte und Gewalten – alles ist durch ihn und auf ihn hin geschaffen. Und er ist vor allem, und das All hat in ihm seinen Bestand." (Kol 1, 15–17)

Die Welt der Symbole – den Menschen von heute unzugänglich?

Der moderne Mensch versteht nicht, wie sehr sein Rationalismus – der seine Fähigkeit zerstört hat, auf numinose Symbole und Ideen zu reagieren – ihn der psychischen Unterwelt preisgegeben hat. Er hat sich selbst vom Aberglauben befreit – wenigstens glaubt er das –, aber bei diesem Vorgang hat er seine geistigen Werte in einem erschreckend hohen Maße verloren. Seine moralische und geistig-seelische Tradition ist zerfallen, und er zahlt nun den Preis für diese Auflösung mit weltweiter Desorientierung und Zersetzung. Unser gegenwärtiges Leben wird von der Göttin Vernunft regiert, die unsre größte und tragischste Illusion ist. Die Götter und Dämonen des heutigen Menschen haben nur neue Namen bekommen.

C. G. Jung

Die Grenzen der Vernunft

Durch die einseitige Überbewertung der Vernunft ist der Mensch in Gefahr, die Beziehung zur Sinnenwelt mehr und mehr zu verlieren. Er erfaßt die Wirklichkeit heute vorwiegend mit dem Verstand: er lebt folgerichtig, vernünftig und mißtraut seinen Sinneseindrücken. Er ist vielleicht selbstkritischer geworden, aber gerade weil er sich und seine Umwelt zu intellektuell beurteilt, vermag er seine zunehmende Einseitigkeit, seinen Mangel, nur schwer zu erkennen. Phantasie, Fingerspitzengefühl, Intuition, Einfühlungsvermögen und die Erfahrungen der Sinnesorgane sind Möglichkeiten der Wirklichkeitserkenntnis, die durch das logische Denken zurückgedrängt wurden. Man wagt nicht mehr, auf die subtilen Kräfte der Imagination und auf die Sinneseindrücke zu bauen, weil sie sich der rationalen Beurteilung entziehen: Phantasie, Intuition sind nicht rational; Fingerspitzengefühl, Einfühlungsvermögen, Erfindungsgabe lassen sich weder „systematisch" entwickeln noch „planmäßig" und „gezielt" einsetzen und sind darum Fähigkeiten, die dem „vernünftigen" Menschen eher verdächtig sind. Sinneseindrücke kann man nur bedingt überprüfen, vermitteln und festhalten.
Daß die Sinne des modernen Menschen abgestumpft sind, liegt zum Teil an der Reizüberflutung, mehr aber noch daran, daß die meisten es für unwichtig halten, sie zu kultivieren. Man hat es verlernt, sozusagen mit allen Sinnen zu „denken". Wer versteht es noch, „bis auf den Grund" zu schauen, in einem Gesicht zu lesen, eine Situation spontan mit den Augen zu erfassen? Wer kann noch wirklich zuhören und dabei auch das aufnehmen, was nicht mit Worten ausgesprochen wird; wer merkt, was in der Stimme eines anderen mitschwingt? Unsere Geruchs- und Geschmacks-

nerven reagieren nur auf grobe Reize, das Tastgefühl vieler Menschen ist kaum entwickelt. Wer hat noch so viel Fingerspitzengefühl, um die Wahrheit zu spüren? Wer kann noch unmittelbar eine Atmosphäre mit all seinen Sinnen in sich aufnehmen? Wer wagt es noch, sich auf eine Intuition zu verlassen, wenn der Verstand gegen sie spricht?

Der Mensch verarmt aber, wenn er unfähig wird, der Wirklichkeit mit aufgeschlossenen Sinnen zu begegnen. Das Leben verliert dann für ihn an Reichtum und Qualität. Die Wirklichkeit bietet ja bedeutend mehr, als er mit bloßer Vernunft begreifen und beurteilen kann. Er gewinnt nur Zugang zu ihr, wenn er über das „sachgerechte" Denken hinaus es versteht, auch seine Sinne geistig zu gebrauchen. Ein gut funktionierendes Gehirn reicht nicht aus, um intensiv zu leben. Die Vernunft ist lediglich eine unter vielen Möglichkeiten der Wirklichkeitserfahrung: wir können Eindrücke mit unserer *ganzen* Leiblichkeit sammeln und uns selbst zudem besser ausdrücken, wenn wir es wieder lernen, all unsere Fähigkeiten dafür einzusetzen. Viele negative Zeiterscheinungen sind darauf zurückzuführen, daß die ursprüngliche, naturgegebene Sinnenhaftigkeit vom Verstand verdrängt und durch ihn pervertiert wurde.

Diese intellektuelle Einseitigkeit wird in allen Lebensbereichen immer deutlicher als Mangel empfunden, nicht zuletzt im kirchlichen Leben. Die Tatsache, daß hier und vor allem in den Gottesdiensten die Rationalität zu viel Raum gewonnen hat, wird bereits von vielen als Fehlentwicklung angesehen. Man vermißt die Sinnenfreude in der vorwiegend sachlich-funktionalen Gestaltung der Kirchen, in der modernen kirchlichen Kunst, die fast ausnahmslos blutleer, intellektuell, konstruiert wirkt und jene Zeichenhaftigkeit vermissen läßt, die unmittelbar den ganzen Menschen anspricht. Viele leiden darunter, daß die Gottesdienste zum

größeren Teil eher rational-langweilig als sinnenfroh gestaltet sind. In der Liturgie dominiert das Wort, die verbale Aussage. Man strebt vor allem Allgemeinverständlichkeit, Durchsichtigkeit, Vereinfachung an; was möglicherweise nicht sogleich von allen erfaßt wird, glaubt man erklären zu müssen, weil man nicht darauf vertraut, daß eine Botschaft auch anders aufgenommen werden kann als auf dem Weg der rationalen Einsicht. Mehr und mehr Menschen werden dieser Verarmung und Einseitigkeit müde und haben ein berechtigtes Verlangen danach, durch eine reiche Kultgestaltung bis in die Tiefenschichten ihres seelischen Erlebens ergriffen zu werden.
„Funktionsgerechtigkeit" zum obersten Prinzip der Kirchen- und Gottesdienstgestaltung zu machen, bedeutet ein Eingehen auf den Geist einer Entwicklungsphase, die – wie sich an zahlreichen Symptomen ablesen läßt – offensichtlich ihrem Ende zugeht. Wird die Kirche dem wieder erwachenden und sich verstärkenden Bedürfnis nach Zeichenhaftigkeit im religiösen Leben, nach einer reichen, alle Sinne ansprechenden Liturgie Rechnung tragen, oder wird sie zu lange an der Meinung festhalten, daß eine nüchterne Liturgie Ausdruck zeitgemäßer Frömmigkeit sei und so in die Gefahr geraten, wieder einmal hinter der allgemeinen Entwicklung zurückzubleiben?

Der moderne Mensch – liturgieunfähig?

Denn die Behauptung, daß der moderne Mensch nicht „liturgiefähig" sei, daß er keine innere Beziehung mehr zu festlichen, ja prunkvollen liturgischen Feiern habe und aus diesem Grund der Kirche fern bleibe, wird beispielsweise durch die Gestaltung sportlicher und politischer Großveranstaltungen eindeutig widerlegt, die breite Bevölkerungsschichten ansprechen. Hier zeigt sich, wie intensiv das Verlangen danach ist, über das Alltägliche, Vordergründige, nur Materielle und Vernünftige hinausgehoben zu werden; wie tief das Bedürfnis nach Ekstase ist, das – wenn ihm innerhalb des kirchlichen Lebens nicht genügend Rechnung getragen wird – in politischen, sportlichen oder anderen Bereichen seine Befriedigung sucht: eine elementare Sehnsucht des Menschen verlagert sich dann auf eine Ebene, auf der sie letztlich keine Erfüllung finden kann; Frustration ist die Folge.

Die Form, in der Parteitage, Olympiaden oder ähnliche Veranstaltungen zelebriert werden, hat durchaus kultischen Charakter. Kleidung, Fahnen und symbolische Embleme, Eide und feierliche Versprechen, Massenaufzüge und hymnische Musik dienen dazu, das Geschehen auf eine „höhere" Ebene zu heben, auf jene Ebene, die ihrem Wesen nach religiös ist. Man kann nicht umhin festzustellen, daß Unzählige hier das finden, was ihnen die Kirche nicht mehr oder zu wenig gibt: die Möglichkeit zur Entfaltung religiöser Empfindungen und zur Befriedigung religiöser Bedürfnisse, die nicht auf der Verstandesebene liegen; eine Ahnung von Intensität und Fülle des Lebens, die nur durch alle Sinne ansprechende Zeichen vermittelt werden kann, die auf den Ursprung und das Ziel des Menschen hinweisen und seinem Leben Bedeutung geben.

Daß auch der rein innerweltlich orientierte Marxist, der jede Transzendenz leugnet, eine „Verklärung" des profanen Daseins anstrebt, zeigen die nachfolgenden symbolträchtigen Hymnen, die im Rahmen pseudosakraler Staatsakte in der DDR verwendet werden. Gefeiert wird der von Gott unabhängige Mensch, der aus eigener Kraft zum Schöpfer einer neuen Welt wird:

„Wir lassen nicht mehr einen Herrn
sich über uns erheben.
Hoch über uns soll Stern an Stern
am nächtgen Himmel schwelgen.

Und über uns wird Vollmondschein
den Weltenraum durchdringen,
weit über uns soll Sonne sein,
soll Licht und Wärme bringen.

Zu Ende ist geträumt ein Traum,
die alten Götter schweigen.
Unendlichkeit – gottleerer Raum,
den wir im Flug ersteigen.

Erhoben von der eignen Kraft,
sei über uns und oben
der Mensch, der neu die Welt erschafft!
Den Schöpfer laßt uns loben!"

(Aus J. R. Becher „Lob dem Schöpfer")

Die Unabhängigkeit, die man hier verherrlicht, bedeutet in Wahrheit Unterwerfung unter ein unmenschliches System, unter die absolute Herrschaft des Staates und seiner Funktionäre; bedeutet die Anerkennung einer Ideologie, in der für Menschenwürde kein Raum ist, weil der Mensch seine eigene Würde nur in der Anerkennung Gottes gewinnen und in der personalen Beziehung zu ihm bewahren kann. Die Größe des Menschen steht im Zusammenhang mit der Größe des Herrn, in dessen Dienst er sich stellt. Die Verehrung von Götzen mag zwar momentan religiöse Bedürfnisse befriedigen; wahre Erfüllung findet der Mensch in ihr nicht, und nur eine unkritische, lebensunerfahrene Jugend und unreif gebliebene Erwachsene kann man durch einen Text wie diesen begeistern:

„Ein Feuer brannte loh und licht
in unsern Augensternen;

der Staat sah uns ins Angesicht
und sprach: ‚Ihr werdet lernen'.

Und als er zum Gesetz erhob
der Jugend Recht am Werke,
gab er uns Buch und Mikroskop
und Zuversicht und Stärke.

Im Hörsaal stählen wir die Kraft
und schließen unsre Lücken,
und tragen unsre Wissenschaft
auf die Kommandobrücken.

Und wo ein Kran die Glieder reckt
in blaue Himmelbahnen,
ein neues Stadion sich erstreckt,
da wehen unsre Fahnen.

Voran die Straße, Stück um Stück,
wir werden weiterlernen,
wir tragen unser junges Glück
empor, bis zu den Sternen."

(Willi Layh, „Wir lernen")

Im „Kommunistischen Bekenntnissakrament" der „Jugendweihe" – in dem derartige Texte verwendet werden – mit großem Kult und in ekstatischen Worten einen Staat zu feiern, der Zuversicht und Stärke, Buch und Mikroskop spendet, kann nur dem nicht lächerlich erscheinen, der kein Empfinden für echte Werte und Maßstäbe hat. Liturgisch zelebrierte Surrogate für Religiosität offenbaren in solchen verbalen Entgleisungen ihre ganze Hohlheit. Die Notwendigkeit eines derartigen politischen Rituals zeigt jedoch, wie wenig man umhin kann, tief eingewurzelten religiösen Bedürfnissen – die eben nicht anerzogen, sondern dem Menschen eigen sind – Rechnung zu tragen.

Auch die Macht- und Statussymbole haben in unserer Zeit

eine Bedeutung erlangt, die weit über das hinausgeht, was diesen Zeichen sozialer Rangunterschiede ihrem Wesen nach zukommt. Solche Unterschiede hat es immer gegeben und wird es immer geben; auch in der kommunistischen Gesellschaft besitzt eine Oberschicht geheiligte Privilegien, die weitgehend anerkannt und von denen, die sie besitzen, mit allen Mitteln gewahrt und verteidigt werden. Welchen Raum aber die Macht- und Statussymbole, die über die tatsächliche Macht nicht einmal Entscheidendes aussagen, im Denken des modernen Menschen einnehmen, zeigt sich daran, wieviel Zeit und Arbeitskraft er ihnen bereitwillig opfert. Der Aufwand für ein entsprechendes Auto, für eine repräsentative Wohnung, für exklusive Reisen wird geleistet, weil Macht und Sozialprestige für den Materialisten höchste Werte sind und ihm Ersatz bieten müssen für die verlorene Geistigkeit. Der Kult, der heute mit Statussymbolen getrieben wird, trägt auch nicht selten pseudoreligiöse Züge und läßt erkennen, welches Gewicht sie haben.

Übergang zu einer neuen Entwicklungsphase

Die Verlagerung der Sehnsucht nach Vollkommenheit in das bloße Diesseits, die im Verlauf der Geschichte immer dann zu beobachten ist, wenn der die Grenzen des Erfahrbaren und der sinnlich erkennbaren Welt überschreitende Glaube schwach und unsicher wird, legt den Schluß nahe, daß wir uns derzeit noch in einer Phase befinden, die A. Kirchgässner so charakterisiert: „Den Schluß bildet der pure Rationalismus. Religion wird abgelöst durch Skepsis. Der überlieferte Glaube wird als finsterer Aberglaube verfemt. Aufklärung ist das Losungswort. Pseudoreligiöse Ideen und Erwartungen treten an die Stelle der Überlieferungen. Eine kultfremde Gesellschaft, vom Individualismus verformt, sucht nach neuen Kultformen, ohne die sie nicht existieren kann, und findet sie durch die Sakralisierung des Profanen. Bildlos gewordenes Dandytum jagt kreuz und quer den Verlockungen der Sinne nach. Lebensangst, Utopismus und Aberglaube offenbaren die Not eines heimatlos und ziellos gewordenen Menschentums."[6]

Diese Phase ist aber keineswegs, wie fälschlicherweise von manchen angenommen wird, ein Endstadium, dem nichts mehr folgt, sondern deutet – wie andere Phasen der geschichtlichen Entwicklung – auf den Übergang zu einem neuen Weltverständnis hin. Auch die Sakralisierung des Profanen, die nahezu religiöse Verehrung von Idolen läßt erkennen, daß der Mensch weiter auf der Suche nach dem Vollkommenen ist. Nur wenn er sich keine Vorstellung mehr davon machen kann, wer Gott ist, wenn er die persönliche Beziehung zu ihm verloren hat, gibt er sich mit Halbgöttern zufrieden. Aufgabe der Kirche wäre es, solche Idole in ihrer Bedeutungslosigkeit zu entlarven. Das kann nur dadurch geschehen, daß sie nicht allein und allzuviel von Gott *redet*, sondern mit *allen* geeigneten Mitteln versucht, ihn neu *erfahrbar* zu machen. Ein Weg dazu ist die Wiederbelebung des Symbolverständnisses, die Hinführung zu Zeichen, die auf den lebendigen Gott hinweisen. Denn wer zu Gott als dem Inbegriff der Vollkommenheit gefunden hat, wird und kann sich mit Halbgöttern nicht mehr zufriedengeben.

Kosmische Symbole – im technischen Zeitalter unverständlich?

Es mag den Anschein haben, daß die wissenschaftlich-technische Entwicklung einen Menschen hervorgebracht hat,

den „Menschen des technischen Zeitalters“, der mit dem Zusammenbruch des alten kosmischen Weltbildes unter anderem auch das Verständnis für die kosmischen Zeichen verlor. Er sei, so wird argumentiert, nicht nur durch das veränderte Weltverständnis, sondern auch durch seine bewußt objektivierende, kritisch beobachtende, um den eigenen Standpunkt wissende Seh- und Denkweise unfähig geworden, den Symbolcharakter kosmischer Zeichen zu erfassen. Die Frage, ob für den naturwissenschaftlich „aufgeklärten“ Menschen nicht eine radikal neue Liturgie mit völlig neuen Symbolen, die seinem naturwissenschaftlichen Verständnis angemessen seien, geschaffen werden müsse, wurde bereits aufgeworfen und diskutiert. So wird die Meinung vertreten, daß der Mond seine Zeichenhaftigkeit verloren habe, seit es dem Menschen möglich ist, ihn zu betreten und zu erforschen; oder daß Wasser keinen Symbolwert mehr habe, weil schließlich fast jeder weiß, daß es lediglich eine Wasserstoff-Sauerstoff-Verbindung ist. Man kam zu dem Schluß, daß es widersinnig sei, zeichenhaft von Gott im Himmel „über“ uns zu sprechen, nachdem doch inzwischen klar ist, daß es im Kosmos weder oben noch unten gibt.
Solche Überlegungen gehen jedoch von der unzutreffenden Voraussetzung aus, daß die naturwissenschaftliche Erkenntnisform die einzige und mit der dem Menschen eigenen geistig-seelischen Erfassung der Welt identisch sei. In dieser umfassenderen Erkenntnisform aber bleibt der Mond Symbol für alles zyklische Werden und ein Bild der Kirche, die ihr Licht von Christus, auf den die Sonne hinweist, empfängt. Auf der geistig-seelischen Ebene ist es ziemlich bedeutungslos, ob mittlerweile die amerikanische Flagge auf dem Erdtrabanten gehißt wurde und ob Mondmaterie in Forschungslaboratorien untersucht wird. Auf dieser

Ebene kann man die Zeichenhaftigkeit der Elemente auch heute und in Zukunft erfassen, ungeachtet der Tatsache, daß die Chemiker inzwischen gelernt haben, sie zu analysieren, in ihre Moleküle zu zerlegen und diese neue, andersartige Verbindungen eingehen zu lassen. Das Wesen und der Wert des Symbols liegen ja gerade darin, daß es über seine materielle Wirklichkeit hinaus auf eine geistige Wirklichkeit hinweist: letztlich auf die Wirklichkeit Gottes, der das sinngebende Grundgeheimnis allen Lebens ist.
Hier ist auch zu bedenken, daß mit dem technischen Zeitalter nicht etwas radikal Neues begann, sondern daß auch das ihm gemäße Weltverständnis Ergebnis einer geschichtlichen Entwicklung ist, die ihre Wurzeln tief in der Vergangenheit hat. Diese Entwicklung hat sich in mancher Hinsicht zweifellos beschleunigt, aber als geschichtliches Wesen lebt auch der Mensch von heute zu einem großen Teil aus den Erkenntnissen von gestern. Man darf nicht vergessen, daß der auf dem wissenschaftlich-technischen Sektor so erfolgreiche Mensch unserer Tage nur in dem Maß reicher an Erkenntnis wird, in dem es ihm gelingt, überliefertes und neues Wissen in Einklang zu bringen; in dem es ihm möglich wird, eine echte Integration herbeizuführen. Die radikale Abkehr vom Traditionsgut bedeutet immer Verarmung. Denn Fortschritte in einem Wissensgebiet sind nie ohne zumindest momentane Vernachlässigung anderer Bereiche oder Ebenen möglich. Weil unsere geistigen Kapazitäten nun einmal begrenzt sind, scheint es äußerst bedenklich, früher gewonnene Einsichten pauschal nur deshalb abzutun, weil man sie noch nicht richtig interpretieren und in ein neues Denksystem einordnen kann.
Der Hochmut des naturwissenschaftlich Aufgeklärten, der sich über das Symbolverständnis unserer Vorfahren erhaben fühlt, ist lediglich ein Beweis seiner Einseitigkeit. Angemes-

sener wäre es zuzugeben, daß frühere Generationen uns in vieler Hinsicht voraus waren: „Was die heutige Psychologie mühsam experimentell festzustellen versucht, haben die Alten in ihrem innigen Naturgefühl intuitiv als selbstverständlich empfunden. Die Intuition gab ihnen eine Art Psychosophie, die sie fähig machte, hinter dem Konkreten das Geistige zu sehen. Sie standen (in mancher Beziehung) dem Natürlichen und Göttlichen im Menschen viel näher als die heutige Welt." [7]

Gerade weil es uns Heutigen eher schwerfällt, durch das vordergründig Konkrete hindurchzuschauen und die geistige Wirklichkeit zu entdecken, wäre es völlig falsch, altes Wissen als überflüssigen Ballast über Bord zu werfen. Vielmehr müßten wir versuchen, es uns neu zu eigen zu machen und seine Bedeutung für die Menschen aller Zeiten zu erkennen. Nur durch die Verbindung alter und neuer Erkenntnisse gewinnen wir wirklich ein zutreffenderes, vollständigeres Weltbild; nur wenn wir bereit sind zu bewahren und weiterzugeben, was uns an wertvollen Einsichten überliefert ist, können wir mit Berechtigung von Fortschritt sprechen. Radikale Skepsis der Tradition gegenüber zeugt lediglich von einem zu engen Horizont, von Engstirnigkeit.

Tatsächlich haben auch für den Menschen des technischen Zeitalters die kosmischen Ursymbole nichts von ihrer Zeichenhaftigkeit verloren; weithin verlorengegangen ist nur das Verständnis für das, was sie uns mitteilen. Auch wenn es wissenschaftlich gesehen im Weltall weder oben noch unten gibt, empfindet der moderne Mensch ebenso Höhe und Tiefe, Himmel und Erde in ihrer räumlichen Gegensätzlichkeit als Gegebenheiten, die sehr wohl – geradeso wie in früheren Zeiten – auf geistige Wirklichkeiten hindeuten, die er aus Erfahrung kennt. Denn in „der Natur ist jede Richtung für sich bestimmt. Oben ist keine beliebige Richtung, sondern die, wohin die Flamme und das Leichte getragen wird. Ebensowenig ist unten beliebig, sondern der Ort, an dem sich Erde und Schweres befinden. Also unterscheiden sich die Richtungen nicht nur nach der Lage, sondern auch durch ihre Wirkung".[8] Hierin liegt der Grund dafür, daß „Oben" und „Unten" im religiösen Bereich eine symbolische Bedeutung haben, die vom naturwissenschaftlichen Raumverständnis unabhängig ist. Höhe und Tiefe sind Richtungen, die der Mensch aufgrund seiner eigenen Stellung im Raum bestimmt, „durch seinen aufrechten Stand auf der Erde. Dadurch ist die Vertikalachse betont. Sie ist durch die Richtung der Schwerkraft bestimmt und in diesem Sinn objektiv gegeben. Das Oben und Unten ist die Richtung des Aufstehens und Hinfallens, des Hinaufsteigens und Hinabgehens. Diese Richtung ist so grundlegend für den Menschen, daß sie als Symbol für seine ganze Lebenssituation gelten kann. Der Mensch strebt danach, in allen Lebenssituationen ‚oben' zu sein."[9] Der „gelebte Raum" ist mit dem „mathematischen Raum" nicht identisch. Darin liegt kein Widerspruch, weil über das gleiche Phänomen auf der geistigen und auf der naturwissenschaftlichen Ebene je verschiedene Aussagen gemacht werden können.

Auch Licht, Waser, Luft, Feuer und andere kosmische Erscheinungen haben nichts von ihrer Zeichenhaftigkeit verloren, sondern vermitteln dem Menschen heute wie in Zukunft Einsichten, für die die chemische Zusammensetzung der Elemente oder die physikalischen Gesetzmäßigkeiten, denen die Gestirne oder andere Naturerscheinungen unterliegen, unwesentlich sind. Hier sind dem naturwissenschaftlichen Denken relativ enge Grenzen gesetzt: „Die technische Welt kennt auf Grund ihrer Voraussetzungen weder

Bedeutungen der Dinge noch einen Gesamtsinn der Welt; ihr Schwergewicht besteht einzig im Zwang funktionaler Abläufe, die am Menschen als einer personalen Identität vorbeigehen" (A. Mirgeler). Für das menschliche Selbstverständnis, für die Frage nach dem Sinn und Ziel menschlicher Existenz, ist es wesentlicher, was uns die Phänomene und Dinge mitzuteilen haben; daran gemessen ist die Frage, wie sie funktionieren, von nur sekundärer Bedeutung.

Für unser Menschsein und für unser Glück – das immer nur in einem sinnerfüllten Leben bestehen kann – ist es darum von entscheidender Bedeutung, uns bewußt zu bleiben, daß wir nicht im technischen Denken aufgehen können, ohne uns selbst zu verlieren. Die Behauptung, daß die kosmischen Symbole dem Menschen des technischen Zeitalters nichts mehr zu sagen haben, ist unzutreffend. Richtig hingegen ist, daß der moderne, nach außen orientierte Mensch keinen unmittelbaren, spontanen Zugang mehr zu ihnen hat und sich um ein Verständnis bemühen muß, das anderen Generationen selbstverständlich war. Es zeigt sich aber hier und da, daß dieser Mangel erkannt wird und daß man Verlorengegangenes wiedergewinnen möchte. Die Faszination des auf der naturwissenschaftlichen Basis Machbaren läßt ohne Zweifel nach. Man fragt nicht mehr ausschließlich oder vor allem danach, was dem Menschen möglich ist, sondern zunehmend danach, worauf letztlich seine Bemühungen abzielen. Das Innerweltliche allein befriedigt nicht mehr; man fragt nach den transzendenten Bezügen. Die machbare Welt nach menschlichen Vorstellungen und Maßen erfüllt die in sie gesetzten Hoffnungen nicht; noch unbestimmt, aber deutlich wahrnehmbar, wächst die Sehnsucht nach einer vollkommeneren Wirklichkeit und man sucht wieder nach Zeichen, die auf sie hinweisen.

Konsequenzen für den Gottesdienst

Alle Formen des Gottesdienstes vollziehen sich in Zeichen und können nicht ohne sie auskommen. Durch Zeichen wird erfahrbar gemacht, was Worte nicht mehr ausdrücken können: in symbolischen Formen und Gestalten erschließt sich uns der verborgene Geist und spricht uns an; in Zeichen versuchen wir, Antwort zu geben. Daß durch sinnenfällige Zeichen in der Liturgie die Heiligung des Menschen bezeichnet und bewirkt werden soll, fordert die Liturgiekonstitution des Zweiten Vatikanums [10], und es wird in ihr die Bedeutung jener von Christus gestifteten und von der Kirche gewählten sichtbaren Zeichen herausgestellt, die auf die unsichtbare göttliche Wirklichkeit hinweisen [11]. „Die Liturgie ist eine Welt Gestalt gewordenen, heilig-verborgenen Geschehens." [12]

Trägt man der Zeichenhaftigkeit der Liturgie in der Gegenwart genügend Rechnung? Es wurde bereits darauf hingewiesen, daß unsere Gottesdienste durch die Vorherrschaft des Wortes und durch die Vernachlässigung anderer Gestaltungselemente viel von jener feierlich-festlichen Atmosphäre verloren haben, die ein besonderes Kennzeichen katholischer Frömmigkeit war. Weitgehend verschwunden ist die Pracht, mit der man jahrhundertelang Gott ehrte, die Gläubigen über den nüchternen, oft belastenden Alltag erhob und ihnen eine Ahnung von dem vermittelte, was „Leben in Fülle" bedeutet. Die Vielzahl brennender Kerzen, der Duft des Weihrauchs, die festliche liturgische Kleidung nicht nur des Zelebranten, sondern auch seiner zahlreichen Assistenz, Chor- und Orgelmusik: der – im wahren Sinn des Wortes – erhebende Zusammenklang von Farben, Tönen, Formen und Bewegungen, der die Sinne anspricht und uns unmittelbarer, als es Worte allein vermögen, auf die Größe, Schönheit und Vollkommenheit Gottes hinweist, ist heute in unseren Kirchen selten geworden. Die Gottesdienste sind weithin geradezu puritanisch, dafür aber rational anspruchsvoll. Sie geben vielen Gläubigen weniger, verlangen dafür aber mehr von ihnen: Konzentration auf all das, was mitgeteilt wird, aktive Teilnahme an einem nur zu oft überreichen Programm, das viele nicht lückenlos mitvollziehen, dem sie sich aber ohne das Gefühl eigenen Versagens auch schwer entziehen können und von dem sie zudem nicht selten den Eindruck haben, daß es sie nicht tiefer zu Gott hinführt, sondern ein Hindernis für Gotteserfahrung ist.

Darf man sich wundern, wenn Christen kirchlichen Gottesdiensten fernbleiben, von denen sie sich einerseits überfordert fühlen und die andererseits ihre legitimen Erwartungen nicht erfüllen? Genügt es, wenn Katholiken nicht aus innerem Verlangen, sondern nur aus Pflichtbewußtsein kommen; wenn sie den Gottesdienst nicht als eine Feier erfahren, die ihre eigene ist, an der sie nur als „Gottesdienstbesucher" teilnehmen? Anliegen des Zweiten Vatikanums war es, durch die Liturgiereform den Weg für Gottesdienste freizumachen, in denen erlebt werden kann, wie „das Menschliche auf das Göttliche hingeordnet und ihm untergeordnet ist, das Sichtbare auf das Unsichtbare, die Tätigkeit auf die Beschauung" [13]. Daß dieses Ziel noch keineswegs erreicht ist, darüber besteht wohl kein Zweifel. Man kann nicht leugnen, daß die Feier der erneuerten Liturgie Mängel aufweist, die ihren Grund vor allem in einer ungerechtfertigten Anpassung an jene Zeitströmung haben, an jene Tendenz, die alles und jedes erklärt und zerredet und uns unfähig macht, von der Tätigkeit zur Beschauung zu kommen, im Sichtbaren das Unsichtbare zu erkennen: „Gewiß, die Liturgie soll und muß herabsteigen zum Menschen, sie muß sich anpassen, sie muß sich ausrichten auf Fassungskraft und Verfassung der Angesprochenen, aber sie hat auch die elementare Aufgabe zu bilden, zu formen, emporzuführen. Wir dürfen nicht vor lauter Objektivität, Überlieferungstreue und Supranaturalismus die Rücksicht auf das Subjekt, die Bedürfnisse der Gegenwart und den Anspruch der zeitgenössischen Mentalität zu kurz kommen lassen, aber ebenso müssen wir uns davor hüten, ins andere Extrem zu fallen und alles aus dem Subjekt, aus der Situation oder aus der Problematik der Gegenwart schöpfen zu wollen." [14]

Das Unbehagen über die „kopflastigen", einseitigen Gottesdienste – die zur Zerstreuung verführen und der Sammlung abträglich sind – nimmt zu, weil der Mensch auch im technischen Zeitalter die Erfahrung macht, daß er nicht nur über einen Verstand verfügt, und danach verlangt, in all seinen Möglichkeiten und Dimensionen angesprochen zu werden. Er sucht wieder die Gelegenheit, Unsagbares in Zeichen auszudrücken: auch das Schweigen vor Gott ist ein sprechendes Zeichen. Zwar darf die Bedeutung des Wortes nicht herabgemindert werden, aber wir müssen uns darüber klar sein, daß es ständig der Ergänzung, der Ausweitung und Vertiefung durch ausdrucksstarke Symbole bedarf, die das Unsagbare vermitteln können. Man darf die heiligen Geheimnisse nicht zerreden, sondern muß sie erfahrbar machen durch alles, was auf sie hinweist.

Es ist sicher richtig, daß der Mensch von heute nicht mehr ohne weiteres jene innere Beziehung zur Symbolwelt hat wie seine Vorfahren. Das sagt aber nichts gegen die Bedeutung von Zeichen und Symbolen, ohne die wir nicht auskommen können, wenn wir nicht nur vernünftige, sondern darüber hinaus geistige Menschen sein und bleiben wollen. Es mag Symbole geben, die überholt sind und nicht mehr „ansprechen". Dann soll man auf sie verzichten – aber nicht ohne neue Zeichen, Gesten und Symbolhandlungen zu entwickeln, die an ihre Stelle treten. Sonst droht eine gefährliche Auszehrung, die für den Gottesdienst, ja für das religiöse Leben insgesamt tödlich werden kann. Es kann daher nicht darum gehen, auf Zeichen und Symbole zu verzichten, weil viele keinen spontanen Zugang mehr zu ihnen haben; vielmehr muß es sich die Kirche angelegen sein lassen, die Voraussetzungen für ein neues Symbolverständnis zu schaffen. Das kann im Rahmen der Gottesdienste und durch die Katechese geschehen. Daß die Welt der Symbole vielen Menschen unserer Zeit schwer zugänglich ist, darf nicht als unabänderliche Tatsache hingenommen werden. Sie können das Verlorene jederzeit wiedergewinnen.

Symbolerziehung

Aber diese Menschen, sagte ich mir, leben nicht von den Dingen, sondern vom Sinn der Dinge, und so müssen sie schon die Parole weitergeben.
Deshalb sehe ich sie bereits bemüht, wenn das Kind kaum geboren ist, ihm den Gebrauch ihrer Sprache zu entziffern, als ob es sich um einen Geheimtext handelte, denn sie ist der Schlüssel zu ihrem Schatz. Und um ihm diesen Anteil am Wunderbaren zu übermitteln, bahnen sie ihm mühsam die Fahrwege. Denn schwierig in Worte zu fassen und gewichtig und voller Feinheiten sind die Ernten, die es von einer Generation auf die andere zu überführen gilt.

A. de Saint-Exupéry

Durch lange Zeiten waren die Symbole für die Christen eine Bildersprache, die jeder unmittelbar begreifen konnte. Mittlerweile sind die im Verlauf der Menschheitsgeschichte entwickelten und von einer Generation zur anderen überlieferten Zeichen und Sinnbilder weitgehend unverständlich geworden; ihre Bedeutung droht in Vergessenheit zu geraten. Bilder und Symbole haben aber nicht nur für das religiöse Leben, sondern für den Menschen in seiner Ganzheit Gewicht, denn sie vermitteln Einsichten und Erfahrungen, die im Verlauf von Jahrtausenden gemacht, vertieft und weitergegeben wurden. Der Bruch mit den Überlieferungen hat geistige Verarmung zur Folge, führt zu Substanzverlust.
Wer glaubt, die Vergangenheit nach Belieben ignorieren und die Zukunft ausschließlich aus der Gegenwart gestalten zu können, befindet sich im Irrtum, denn: „Einen Gegensatz zu schaffen zwischen der Zukunft und der Vergangenheit ist sinnlos. Die Zukunft bringt uns nichts, sie gibt uns nichts. Wir sind es, die ihr alles geben müssen, um sie zu bauen. Aber zum Geben muß man besitzen, und wir besitzen kein anderes Leben, keine andere Kraft, als den Reichtum der Vergangenheit." (S. Weill) Ein entscheidender Grund für das zunehmende Unbehagen an der Gegenwart ist der Versuch, die überlieferten Werte in Frage zu stellen und der Wahn, daß der moderne Mensch mehr oder weniger auf sie verzichten könne. Immer mehr Menschen spüren, wie das Leben an Reichtum und Tiefe verliert und allmählich wird sich die Einsicht durchsetzen, daß Zivilisation kein Ersatz ist für Kultur; daß die durch den Fortschritt der Wissenschaft und Technik erreichten verbesserten Lebensbedingungen kein Ersatz sind für den Verlust an religiöser, geistiger und künstlerischer Substanz.

Wir werden der Wirklichkeit nicht gerecht, wenn wir die Vergangenheit idealisieren und ihre Mängel übersehen; wir werden ihr jedoch ebensowenig gerecht, wenn wir der Meinung sind, ohne sie auskommen zu können. Wir neigen nun schon seit geraumer Zeit dazu, Nützlichkeitserwägungen über alles zu stellen und maßen uns – in einseitiger Überschätzung des zivilisatorischen Fortschritts – das Recht an, geistige Werte zu ignorieren und in Vergessenheit geraten zu lassen, denen wir verpflichtet sind, mit denen wir uns auseinanderzusetzen und die wir weiterzugeben haben. Das ist eine Aufgabe, der wir uns im Hinblick auf die nach uns Kommenden nicht entziehen dürfen: „Wenn die neue Generation Häuser in Besitz nimmt, von denen ihr nicht mehr als die Nutzung bekannt ist – was wird sie dann in dieser Wüste beginnen? Denn so wie du deine Erben die Kunst der Musik lehren mußt, damit sie an einem Saiteninstrument ihre Freude haben können, so mußt du auch – wenn sie Menschen sein sollen, die menschliche Gefühle hegen – sie lehren, in der Zusammenhanglosigkeit der Dinge die Gesichter deines Hauses, deines Gutes und deines Reiches zu lesen. Sonst wird die neue Generation den Barbaren gleich in der Stadt hausen, die sie dir abgewonnen hat. Und was für eine Freude könnten Barbaren aus deinen Schätzen erfahren? Sie wüßten sie nicht zu nutzen, da sie den Schlüssel zu deiner Sprache nicht besitzen ... So verfolgte mich diese Vorstellung einer Generation, die sich als Eindringling im Gehäuse einer anderen eingenistet hatte. Und die Riten erschienen mir wesentlich, die in meinem Reiche den Menschen dazu nötigen, sein Erbteil zu übertragen oder zu empfangen. Ich brauche Bewohner in meinem Hause, nicht lagernde Gesellen, die von nirgendwoher kommen.“ (A. de Saint-Exupéry) Wenn der Mensch aufhört, die Wirklichkeit in ihrer Fülle und Tiefe zu begreifen; wenn er die Zeichen und Deutungen nicht beachtet, die sich ihm anbieten; „wenn er kein Sinngefüge in dieser Welt mehr erkennt, dann verstört sich sein Wesen“ (H. Schade).

Der Rationalismus kann den Menschen in die Selbstzerstörung führen, weil er ihm die Möglichkeit nimmt, den Sinn des Lebens zu erfassen. Wo dieser aber nicht mehr erkannt wird, verliert der Mensch den Halt und sieht nicht mehr, in welche Richtung er zu gehen hat: „Ist der Massenmensch deshalb so punktuell, so bloß aktuell und im Augenblick lebend geworden, weil er sich kein Bild mehr von sich machen kann? Ist er deshalb so verführbar für jeden optischen und akustischen Außenreiz, so anfällig für die Bildsensation flüchtigster und banalster Art, weil er keine eigene Innenwelt mehr hat, . . . die ihm im Eigenbild sagen würde, daß er ist und was er ist? Unsere Sprache ist kahl, technisch, abstrakt und emotional kühl geworden, weil wir sie mit eigenen Bildern nicht mehr füllen und speisen können. Echte Leidenschaft wird selten, weil gerade diese von der persönlichen Imagination lebt und ein Bild braucht, an dem sie sich entzünden kann. Unsere religiösen Vorstellungen verblassen, weil unsere degenerierte Bildkraft den Schöpfer Gott, das Urbild, nicht mehr erreicht. Dieses Versiegen der inneren Bilderwelt des menschlichen Bewußtseins gehört auch in eine Pathologie der Zivilisation.“ (J. Bodamer)

Die Notwendigkeit rationalen Denkens kann nicht geleugnet werden. Doch sollte man sich bewußt bleiben, daß der Wahrheitsfindung nur auf der Vernunftebene enge Grenzen gesetzt sind. Wo man junge Menschen in der Vorstellung aufwachsen läßt, daß das rationale Denken die einzige Erkenntnisquelle sei, darf man sich nicht wundern, wenn sie lebensüberdrüssig und seelisch labil sind. Denn lohnt es sich, in einer Welt zu leben, die von menschlicher Vernunft in allen Dimensionen ausgemessen und durchleuchtet werden kann – in einer Welt nach menschlichen Maßen? Mit der Erziehung zum bloßen Rationalismus begeht man einen doppelten Verrat: einerseits an der Geistesgeschichte der Menschheit, die uns eine Fülle von Erkenntnissen überliefert hat, die auf nicht rein rationalem Weg gewonnen wurden, und deren Kontinuität in die Verantwortung einer jeden Generation gelegt ist; andererseits an den jungen Menschen, die durch das ihnen vorenthaltene Wissen keinen Zugang zu wesentlichen Dimensionen des Menschseins finden können, die der Vernunft nicht zugänglich sind. Tradition verbindet uns mit der Vergangenheit, in der wir verwurzelt bleiben müssen, wenn wir lebensfähig sein wollen. Symbolerziehung ist eine Möglichkeit, die Brücke über die Zeiten zu spannen.

Voraussetzung jeder Symbolerziehung

Es wurde an anderer Stelle bereits darauf hingewiesen, daß das Symbol in seiner raumzeitlichen, wahrnehmbaren Gestalt auf eine verborgene Wirklichkeit hinweist und daß die Sinnbildlichkeit des Kosmos auf Gott selbst, auf den Urgrund des Lebens, verweist. Glaube an transzendente Bezüge, an eine alles Sein umfassende Ordnung, ist darum Voraussetzung der Symbolerziehung, die ja darauf abzielt, wesentliche Strukturen dieser Ordnung erfahrbar zu machen: „Die ganz offenbare Neigung des Menschen, Wirklichkeit zu ordnen, geht zusammen mit einem Impuls, die Reichweite seines Ordnens ins Kosmische zu erstrecken. Dieser Impuls impliziert nicht nur, daß menschliche Ordnung in irgendeiner Weise einer anderen, welche über sie hinausgeht, sie transzendiert, entspricht, sondern auch, daß

diese transzendente Ordnung so beschaffen sein muß, daß der Mensch sich selbst und seiner Bestimmung für diese Ordnung über allen Ordnungen vertrauen kann.“[15]
Symbolerziehung setzt also die Überzeugung voraus – oder sollte zu ihr führen –, daß wir nicht in einer geschlossenen Welt leben, die der Mensch, ohne einer höheren Macht und Autorität verantwortlich zu sein, nach eigenem Ermessen gestalten kann, sondern daß er seine Aufgaben im Dienst einer ihm vorgegebenen, vertrauenswürdigen Schöpfungsordnung zu erfüllen hat. Denn „nur innerhalb eines religiösen (genauer gesagt: eines übernatürlichen) Bezugsrahmens . . . ist die natürliche Welt, in die wir hineingeboren werden, in der wir lieben und sterben, nicht die einzige, sondern der sichtbare Vordergrund einer anderen, in der Liebe nicht durch Tod zunichte wird und in der das Vertrauen in die Mächtigkeit der Liebe, Chaos zu bannen, seine Rechtfertigung findet. Der Hang des Menschen zu ordnen impliziert also eine transzendente Ordnung, und jede Geste des Ordnens ist ein Zeichen, gegeben in die und aus der Transzendenz.“[16]
Letztlich ist also der Glaube an die schöpferische und erlösend-ordnende Kraft der Liebe Gottes, die allein mächtig genug ist, um auch das Verworrenste zu entwirren und unsere unzulänglichen Bemühungen zur Erfüllung und Vollendung zu führen, Ausgangspunkt einer christlichen Symbolerziehung, der es immer darum gehen muß, die Spuren dieser Liebe in der Schöpfung aufzuzeigen.

Wege der Symbolerziehung

Symbolerziehung geht von der Erkenntnis aus, daß sich die Wirklichkeit nur dem erschließt, der sie nicht allein verstandesmäßig zu erkennen und zu begreifen sucht. Denn wenn es auch einerseits notwendig und berechtigt ist, daß sich der Mensch in innerer Distanz objektiv beobachtend und analysierend mit ihr auseinandersetzt, so muß er es doch andererseits auch verstehen, sie auf sich einwirken zu lassen, damit er sie erlebnishaft, intuitiv und in tieferen Zusammenhängen erfassen kann. Aktion *und* Kontemplation sind vom Menschen gefordert; nur in diesen beiden, einander ergänzenden Grundhaltungen gewinnt er eine zutreffende Vorstellung der Wirklichkeit. Er muß fähig werden, verantwortungsbewußt zu handeln, in die Vorgänge der Welt einzugreifen und sie zu beherrschen; er muß aber zugleich bereit sein, in innerer und äußerer Ruhe sozusagen abwartend die Wirklichkeit anzunehmen, sich von ihr ergreifen zu lassen und sie verstehend in sich aufzunehmen. Menschliche Vernunft und Willensanstrengung bewirken Unheil, wenn man sich nicht dem Geist öffnen und sich von ihm inspirieren lassen kann oder will. Wenn unser Handeln zielführend – und zwar im Hinblick auf das letzte und eigentliche Ziel des Menschen – sein soll, muß ihm das betrachtende Erfassen und die Erfahrung des Ganzen, seiner Ordnung und seiner Zusammenhänge vorausgehen.

Will man dem modernen Menschen die Symbolwelt wieder zugänglich machen; will man ihn zu einem neuen Verständnis der Zeichen hinführen, die auf die geheimnisvolle Wirklichkeit des schöpferischen Geistes hinweisen, so muß man ihn zunächst erfahren lehren, daß Entspannung, äußere Stille und innere Ruhe unabdingbare Voraussetzungen für die Fähigkeit sind, geistige Zusammenhänge zu erfassen und durch das Vordergründige hindurch zum Wesentlichen zu gelangen. Die unsichtbare geistige Wirklichkeit können wir mit unseren Sinnen nicht unmittelbar erfassen und darum auch nur schwer anderen vermitteln. Wohl aber gibt es die

Möglichkeit, ihnen durch Analogien und Vergleiche, durch Zeichen und Symbole die Richtung zu weisen. So kann eine Brücke entstehen, die von der sinnlich erfahrbaren Welt in die unsichtbare führt: „Gewiß bedarf es dazu eifriger Schulung des Sehens, die ins Schauen gelangen läßt; denn das Sehen allein nimmt die Daten der Sinneseindrücke wahr und führt sie einem Erkennungsprozeß zu, der zu Urteilen und Schlußfolgerungen kommt, aber doch innerhalb kausalen, also naturwissenschaftlichen Denkens befangen bleibt. Das Schauen hingegen erfaßt mehr: Es erfaßt das Symbolhafte der Phänomene und weiß hinter die Erscheinung zu dringen, ja über sie hinaus und hinauf zu erheben. Es erahnt das Geheimnis, das sich in den Gestalten und Ereignissen verbirgt." (L. Prohaska)
Je tiefer man zum Wesen der Dinge und Phänomene vordringt, umso deutlicher zeigt sich, daß die Schöpfung ein lebendiges Gefüge voller Wechselwirkungen ist, in dem alles untereinander in sinnvoller Beziehung steht und auf den Leben schaffenden, Leben zur Entfaltung bringenden, Leben tragenden und erhaltenden Geist hinweist.
Wer gelernt hat, „in einer tiefen Erfahrung des Objektes dessen innerliche Qualitäten wahrzunehmen und in einem geistigen ‚Darüberhinaus' zu erkennen, was dadurch ausgesagt wird" (M. O. Knechtle), vermag immer neue Bezüge zu erfassen. Er gewinnt Zugang zu der Chiffrensprache, in der sich das Metaphysische mitteilt. Er begreift die Schöpfung nicht mehr vorwiegend oder ausschließlich als einen Lebensraum, in dem sich der Mensch während der Jahrzehnte seines irdischen Daseins möglichst bequem und angenehm einrichten und den er nur vom Standpunkt der Nützlichkeit beurteilen und gestalten kann, sondern er bekommt einen Blick für den Verweis- und Zeichencharakter all dessen, was er in der Schöpfung vorfindet, und er

spürt, daß Ehrfurcht angebracht ist, wo das Geschaffene zum Symbol, zum Zeichen umfassenderer Wahrheit und Wirklichkeit wird: „Dem Wasser, das den Dürstenden von seinen Qualen befreit und damit in hohem Grade nützt, gilt darum noch nicht seine Ehrfurcht. Sie bezieht sich auf etwas, das jenseits des unmittelbaren Nutzens liegt und doch für sein Dasein bedeutsam ist. Erst wenn das Wasser, das den Durst stillt, die Quelle, die es spendet, als Symbole einer tragenden Ordnung erfahren werden, wecken sie Ehrfurcht . . . Erst im Symbol wandelt sich die animalische, gleichsam larval-ethische Wertung zur imaginalen des Menschen. Nur was Symbol werden kann, vermag Ehrfurcht zu wecken und zu nähren. Indem ich sie erfahre, gehe ich mit symbolträchtigen Gegenständen behutsamer, achtungsvoller um als mit symbolfreien. Fast alles, was ich wahrnehme, kann Symbol, Zeichen eines selbst nie ganz erfaßbaren Subjekts werden, denn Ehrfurcht gilt letztlich immer einem selbständigen Sein, dessen Spuren ich bemerke. Sie beruht auf der Einsicht oder wenigstens auf der Bereitschaft, wahrzunehmen, was mir nicht unmittelbar selbst gegenübertritt.“ [17]

Daß die Ehrfurcht vor den Zeichen, die uns erkennen lassen, daß „das Endliche . . . ins Unendliche eingesetzt“ ist (P. Teilhard de Chardin), den meisten fremd und unverständlich wurde; daß Nützlichkeitserwägungen zum entscheidenden Kriterium für menschliches Verhalten, für die Grundeinstellung der Gesellschaft und für Maßnahmen der Regierungen geworden sind, hat dazu geführt, daß der Mensch mehr und mehr seine eigentliche Bestimmung vergißt. Wenn er seine Entscheidungen und die Bedeutung der geschaffenen Werte nicht mehr an der Größe Gottes und an seinem Willen mißt; wenn er sein Dasein nicht mehr als Dienst der Liebe für das Leben versteht; wenn die verschiedenen Ideologien nach rein innerweltlichen Gesichtspunkten Ziele weisen, Normen aufstellen und Ordnungen festlegen, dann kommt der Mensch selbst in äußerste Gefahr: er verliert nicht nur an Menschenwürde – die ja gerade in seiner Berufung zur Transzendenz begründet ist –, sondern er wird seinem Mitmenschen mit dessen subjektiven Wertvorstellungen und damit der Willkür preisgegeben.

In welchem Ausmaß das Nützlichkeitsdenken selbstverständlich geworden ist und wie relativ widerspruchslos man es hinnimmt, wenn quantitatives Denken in qualitativen Veränderungen seinen Niederschlag findet, das läßt sich auf der sozialpolitischen Ebene heute allenthalben feststellen: Fristenlösung und eine rein pragmatische Ehegesetzgebung; eine falsch verstandene Liberalisierung auf dem Gebiet der Rechtsprechung und die Preisgabe sittlicher Normen im sexuellen Bereich sind nur einige unter vielen anderen alarmierenden Signalen. Hier wird uns eindringlich vor Augen gestellt, daß eine allgemeine und unbestimmte, letztlich unverbindliche Humanität nicht in der Lage ist, Verhaltensnormen zu erstellen, durch deren Erfüllung der Mensch über sich selbst hinauswachsen kann. Und wenn neuerdings die Frage aufgeworfen wird, ob man aus Rentabilitätserwägungen nicht den Sonntag durch einen beliebigen arbeitsfreien Tag während der Woche ersetzen solle, so darf der Signalcharakter eines solchen Vorschlags nicht übersehen werden; läßt er doch erkennen, wie autonom und selbstgenügsam der Mensch sich fühlt. Aber ist er wirklich bereit, zugunsten einer gesteigerten Produktion, zwecks besserer Auslastung von technischen Anlagen, wissenschaftlichen Einrichtungen und Produktionsmitteln auf jene Spannen seines Lebens zu verzichten, in denen er, getragen von der großen Gemeinschaft der Feiernden, immer wieder erfahren kann, daß diese Welt mit ihren Erfordernissen nur Teil einer umfassenderen Wirklichkeit ist? Erkennt man die symbolische Bedeutung jenes Tages nicht mehr, von dem die Heilige Schrift sagt, daß an ihm Gott selbst ruhte? Bedeutet dem Menschen von heute die Erlösung aus Tod und Vergänglichkeit nichts mehr, die die Christen an diesem Tag feiern? Diese letzte Frage ließe sich jedoch nur dann bejahen, wenn der Mensch in seiner selbstgeschaffenen, „machbaren" Welt zur inneren Ruhe käme, weil er in ihr absolute Erfüllung fände. Der zunehmende Pessimismus und Lebensüberdruß sprechen jedoch dagegen.

In dieser Situation scheint es uns eine wesentliche Aufgabe der Symbolerziehung zu sein, das Verständnis für Zeichen zu wecken und zu vertiefen, durch die der Mensch seine eigentliche und wahre Bestimmung und die Wege, auf denen er ihr entsprechen kann, zu erkennen vermag. Symbolerziehung ist letztlich eine Möglichkeit, die wahre Größe des Menschen aufzuzeigen, die nicht in seiner Leistung, sondern in seiner Berufung zur absoluten Liebe liegt. Darum ist der erste Schritt in der Symbolerziehung nicht die Erklärung bestimmter Zeichen und Bilder, sondern die Vermittlung der Erfahrung, daß der Mensch nicht auf sich selbst verwiesen, sondern im Wirken und im Willen Gottes geborgen ist. Erst im Bewußtsein der ständigen, alles Geschaffene tragenden und durchwirkenden Gegenwart Gottes kann er die sichtbare Schöpfung als ein Spiegelbild des Göttlichen begreifen; erst dann gewinnt er Zugang zur Welt der Zeichen und Symbole, zur Vielfalt und Tiefe ihrer Bildersprache, die nicht nur den Verstand, sondern das Herz anspricht, nicht nur Information, sondern Erfahrung vermittelt.

Symbolerziehung muß auch im kirchlichen Bereich geleistet werden. Unsere heutigen Gottesdienste „erscheinen allzuoft als eine simple Folge von Handlungen: Gesänge, Lesungen, Gebete, Gesten. Alles verläuft so, als ob jedes dieser Momente aus sich selbst Sinn und Wirkung finden müßte: Der Text soll aussagen, was er zu sagen hat; ein Gesang soll durch Musik und Text gefallen und ankommen; eine Geste soll einen bestimmten Aspekt des Mysteriums ausdrücken. Dagegen gibt es nur wenige Gottesdienste, die einen spezifischen Stil haben, einen ansprechenden Zusammenhang, eine gemeinsame Bewegung. Etwas ist auf den Kopf gestellt worden: Früher trug der Ritus die, die ihn feierten. Heute muß die christliche Gemeinde ihr rituelles Programm tragen. Weil der erläuternde Zusammenhang geschwächt ist, vermehrt man die punktuellen Erklärungen. Dies ergibt sich, neben anderen Gründen, aus dem Auseinanderbrechen der Kulturen als Träger strukturierender Symbole ... Aber man darf sich nicht mit dieser Auflösung abfinden. Ein Zeichen gewinnt seinen Symbolgehalt nur in bezug zu anderen. Nur in einer Ganzheit gibt es einen Sinn. Die symbolische Handlung kann nur Teil eines Ganzen mit vielfältigen Beziehungen sein. Wenn uns die Kultur, in der wir leben, keine symbolischen Strukturen mehr liefert, die geeignet wären, die Riten unserer Religion zu tragen, muß die feiernde Gemeinde sich ihren zeichenhaften Zusammenhang und ihren eigenen Kontext zur Interpretation der Riten selbst geben.“ [18]

Unzählige Gläubige leiden unter dem Unbehagen, das ein Gottesdienst auslöst, der wie ein rituelles Programm abläuft, der also nicht in seiner Gesamtgestaltung zu einem Zeichen dankbarer Liebe und Freude wird und der jene ehrfürchtige, gesammelte Atmosphäre vermissen läßt, die dem Dienst vor Gott angemessen wäre. Sollen die Gottesdienste nicht ihren Symbolcharakter verlieren, muß man sich zunächst darauf besinnen, wen wir feiern und was wir feiern und dann versuchen, dem im Zeichen Ausdruck zu verleihen. Nur auf einem Weg, der sozusagen von der Mitte nach außen führt, kann man zu Symbolen und symbolischen Handlungen finden, in denen die Wahrheit überzeugend ins Licht tritt und die darum anrühren, ja aufwühlen und in der Erinnerung bleiben. Ein solcher symbolischer Akt war in der vorkonziliaren Eucharistiefeier, vor allem im feierlichen Hochamt, die große Elevation, wenn sich in gesammeltem Schweigen der Blick aller Gläubigen auf die hocherhobene Hostie richtete. Hier wurden die Kniebeugen und Gesten der Priester, die schweigende, kniende Gemeinde, der Duft des aufsteigenden Weihrauchs und das Glockengeläut zu einem einzigen eindringlichen Zeichen der Verehrung und Dankbarkeit. Gewiß war gerade dieses Symbol geeignet, das rechte Verständnis der Eucharistiefeier zu verdunkeln und die Veränderungen durch die Liturgiereform haben ihre guten theologischen und pastoralen Gründe; doch gilt es nun, neue sinnvolle Riten zu entwickeln, die in ihrer Zeichenhaftigkeit ebenso überzeugend und einprägsam das erneuerte Eucharistieverständnis zum Ausdruck bringen.

Um der Lebendigkeit unserer Gottesdienste willen muß es ein besonderes Anliegen der Seelsorger und Gemeinden sein, gegebenenfalls mutig neue Traditionen zu begründen, wo alte Überlieferungen ihren Sinn verloren haben oder aus anderen Gründen nicht mehr gepflegt werden können. Wir brauchen symbolische Akte, die uns helfen, in die unsichtbaren Realitäten einzutreten. Das Wort schafft das Fundament des Glaubens, aber das Wort allein genügt nicht, um den Glauben zu entfalten und zu bezeugen; es muß Gestalt werden durch die ausdrucksstarke zeichenhafte Geste oder Handlung. Das ist ein Grundprinzip des sakramentalen und gottesdienstlichen Lebens.

Wenn im Verlauf einer Karfreitagsliturgie zwei schwere Holzbalken zum Kreuz zusammengeschlagen werden, wenn die Gläubigen später dieses Kreuz mit Blumen und frischem Grün bestecken, gewinnt der Bericht von Jesu Leiden und Auferstehung an Wirklichkeitsnähe. Man spürt, was es heißt, wenn durch den Haß ein Mensch zerschlagen wird; man ist unmittelbarer betroffen von der Vorstellung, daß dieser Mensch Gott ist; wenn das tote Holz unter der Fülle der Blüten lebendig wird, ahnt man, was Auferstehung bedeutet: Wir werden ergriffen von einem solchen symbolischen Vorgang, während die bloße Mitteilung durch das Wort vielleicht an unseren Ohren vorübergeht. Wenn bei der Osternachtfeier das Kohlenfeuer im dunklen Kirchenraum gesegnet wird; wenn der Zelebrant an ihm die geweihte Osterkerze entzündet und durch ihr Licht die Kerzen der konzelebrierenden Priester, der Diakone und Gläubigen zu brennen beginnen; wenn sich die Kirche im vielhundertfachen Kerzenschein mehr und mehr erhellt, begreifen wir tiefer als im bloßen Hören der Botschaft, was es heißt, daß mit Christi Liebe das Licht in die durch Schuld verdunkelte Welt kam; wenn wir die Flamme von Kerze zu Kerze weiterreichen, geben wir ein Zeichen der Zuneigung, die einer dem anderen in der Verbundenheit des gemeinsamen Glaubens schenkt. Wenn am Allerseelentag während des Gottesdienstes die Gläubigen Kerzen für ihre verstorbenen Angehörigen und Freunde entzünden, geben sie ein Zeichen der Hoffnung, das trostvoller ist, als Worte sein können.

Im Verlauf der Jahrhunderte kirchlichen Lebens haben viele

Riten an zeichenhafter Kraft und Anschaulichkeit verloren. Es wäre wichtig, daß man beispielsweise für die Initiationssakramente wieder Formen entwickeln würde, durch die das gnadenhafte Geschehen nicht nur oder fast ausschließlich verbal vermittelt, sondern zeichenhaft veranschaulicht und handelnd dargestellt wird. Ohne Frage wurden der Sinn und die Bedeutung der Taufe durch das Eintauchen in das von Schuld reinigende Taufwasser eindringlicher vorgestellt, als durch das Besprengen mit wenigen Tropfen des geweihten Wassers, das sich vor allem durch die Kindertaufe eingebürgert hat. Auch lassen die Salbungen, wie sie heute vollzogen werden, den Sinn dieser rituellen Handlung kaum erkennen; er muß darum immer wieder mit Worten erklärt werden. Wenn aber ein Symbol die ihm eigene Wirksamkeit entfalten soll, muß es aus sich selbst sprechen.

Man kann alte Bräuche vielfach weder weiterpflegen noch wieder aufnehmen. Man muß dann aber neue Symbole und Zeichen finden, die stark und gewichtig genug sind, um den Glauben erfahrbar zu machen und den Zugang zur geistigen Wirklichkeit Gottes zu erschließen. Das ersatzlose Aufgeben überlebter Formen führt zu einer Verarmung und Auszehrung, die lebensbedrohend werden kann. Besondere Möglichkeiten und Aufgaben hat hier die christliche Kunst, auf deren Zeichenhaftigkeit im folgenden hingewiesen werden soll.

Über die Zeichenhaftigkeit christlicher Kunst

Kunst gibt nicht das Sichtbare wieder, sondern macht sichtbar.
Paul Klee

Aus un-bewußtem Urgrund

„Nicht das Geringste wirklich zu *schaffen* vermag irgend die Kunst, und überall wird man sich überzeugen müssen, daß die innere Vollendung und höchste Zweckmäßigkeit der Bildung durch jenes Unbewußte unendlich voransteht allem und jedem, was der bewußte Geist in ähnlicher Weise hervorzubringen vermag. Ja, wenn uns dann deutlich wird, daß alles, was wir die Wissenschaft der bewußten Seele nennen, nur ein Nachgehen und ein Aufsuchen der Verhältnisse und Gesetze ist, welche fort und fort im unbewußten Walten des verschiedenen Lebendigen um und in uns, vom Weltkörper bis zum Blutkörperchen, sich betätigen, so entsteht uns ein eigener Kreislauf der Ideenwelt, welche aus dem Unbewußtsein bis zum Bewußtsein sich entwickelt und als solches doch wieder zuhöchst das Unbewußte sucht und in dem möglichsten Verständnis desselben sich erst befriedigt findet." (C. G. Carus) Kunst ist nicht machbar: sie entsteht aus intuitiver Erfahrung der Wirklichkeit. Das gilt für die Kunst im allgemeinen, insbesondere aber für die religiöse Kunst, wobei wiederum die Frage gestellt werden kann, ob wahre Kunst nicht immer im letzten religiös, d. h. – zumindest – an die Schöpfung und deren vorgegebene Strukturen zurückgebunden ist.
Diese Frage wird gerade in unserer Zeit von vielen verneint, doch sprechen die „Kunstwerke" von Künstlern, die sich autonom gebärden oder denen es um ideologische Aussagen geht, eine deutliche Sprache. Was in atheistischen Diktaturen als Kunst zugelassen und propagiert wird, vermag in seiner Oberflächlichkeit nicht anzurühren und zu bewegen. Gerade die „bildende Kunst, die Inkarnation, die Versinnlichung und die Verleiblichung geistiger Wirklichkeiten kann sich nicht an ‚Partei', ‚Institution' und ‚Ideologie'

orientieren. Prüfstein von Wahrheit und Wert bildet für die Kunst zunächst die Schöpfung, das heißt die Welt. Nicht eine Welt, die als Energiereservoir nur der Ausnützung dient, sondern die Welt als Mitteilung. Erst die Schöpfung, das heißt der Bildcharakter einer von aller menschlichen und damit gesellschaftlichen Manipulierbarkeit unabhängigen Realität bietet das Fundament einer religiösen Kunst." [19]

Jedes echte Kunstwerk hat, ebenso wie das echte Symbol, einen transzendenten Bezug. Kunstwerk wie Symbol lassen erkennen, daß die Schöpfung einen Sinn hat und verweisen auf den Geist, der Urgrund alles Geschaffenen ist. Das Kunstwerk hat immer Symbolcharakter und die Aussagekraft des gestalteten Symbols hängt von seiner künstlerischen Qualität ab, die nur sekundär – wenn auch wesentlich – von der Beherrschung der Ausdrucksmittel, primär aber von der Tiefe der geistigen Erfahrung bestimmt wird. Wo man die Bindung an den schöpferischen Geist Gottes und die von ihm gesetzte Ordnung aufgibt und unfähig wird, aus jener unverfügbaren Tiefe zu schaffen, in der dieser Geist lebendig ist; wo man die Fähigkeit verloren hat, sich anzuvertrauen, verliert das Symbol mit der Bindung an seinen Urgrund auch seine Verbindlichkeit und das Kunstwerk wird zum Machwerk: beide verweisen nicht mehr auf eine tiefere Wirklichkeit, die in ihnen erfahrbar wird, sondern sie spiegeln nur noch vordergründige innerweltliche Phänomene. Atheismus und Materialismus führen zum Niedergang der Kunst, nehmen ihr die Zeichenhaftigkeit und damit ihre wesentlichste Qualität und jede Bedeutung.

Das Kunstwerk muß durch sich selbst sprechen. Es wendet sich – wie das Symbol – an den ganzen Menschen, nicht nur an seinen Verstand. Was nicht aus dem unbewußten, intuitiv erfahrenen und gläubig angenommenen Urgrund geschaffen, sondern als Frucht rationaler Erkenntnisse und Überlegungen konstruiert wird, kann aber vom Verstand allein erfaßt werden. Es kommt dann zu jenem einseitig intellektuellen Kunstschaffen, das für unsere Zeit kennzeichnend ist. Es entstehen die verschiedenartigsten künstlerischen „Objekte", die nicht unmittelbar überzeugen, sondern die dem Betrachter mittels beigegebener Erklärungen nahegebracht werden müssen. Diese Objekte bedürfen „sachkundiger" Interpreten, die ihren Intellekt einsetzen, um allerlei Tief-sinn in sie hineinzuprojizieren. Es entstehen Kirchenbauten ohne geistige Atmosphäre; bildliche Darstellungen, die nicht mehr sind als ein Psychogramm des Künstlers; eine gewollte und erdachte Symbolik, die abstoßend und lächerlich wirkt, weil sie so oberflächlich, nicht vom Urbild inspiriertes Sinn-Bild, sondern ideologische Indoktrination ist.

Unsere Zeit ist arm an echten Künstlern, die nicht nur sich selbst aussagen wollen oder ungehemmt und ungeformt ihr Unbehagen an den bestehenden Zuständen und an bestimmten Entwicklungen zum Ausdruck bringen, sondern die sich selbst in Erkenntnis der eigenen Möglichkeiten und Grenzen als Mittler verstehen, als Mittler zwischen der sichtbaren, sinnlich erfaßbaren und der unsichtbaren transzendenten Wirklichkeit. Wir haben heute einen großen Kunstmarkt, auf dem Experimente aller Art angeboten werden, auf dem Kunstwerke aber eher selten zu finden sind: „Im Kunstwerk äußert sich Leben, das die Verstrickung in Nöte und Zwecke des Alltäglichen durchbricht, um eine weitere Wirklichkeit zu erschließen, zu erobern oder um sich ihr zu stellen. Der Künstler erfährt sich selbst als Mittler zwischen Seinesgleichen und dem ganz anderen, nicht als Hersteller. Das belegen die meisten Selbstzeugnisse, die uns überliefert sind. Sie werden bestätigt von der Bescheidenheit, ja Demut der Großen, die ihr Werk weniger als persönliche Leistung und viel mehr als Geschenk erfahren. In diesem Verhältnis des schöpferischen Menschen zu seiner Schöpfung wurzelt eine Selbstkritik, die auch von lautem Beifall nicht beirrt wird. Im Werk verkörpert sich die Begegnung mit dem Außerordentlichen, Hintergründigen, Wesentlichen, das den Alltag überragt ... Kunst kann nur in der Hingabe entstehen und erfahren werden. Schöpfung und Genuß gelingen gleichermaßen nur im vorbehaltlosen Ergriffensein. Nur soweit der Betrachter oder Hörer des Werks nachzuvollziehen vermag, was seinen Schöpfer bewegte, kann Kunst sich mitteilen. Dabei ist es notwendig, daß der Nehmende sich ohne Widerstand vom Gebenden führen läßt. Das aber setzt unbegrenztes Vertrauen auf das Gemeinsame voraus, das nur in Ehrfurcht erlebt wird. Deshalb kann der wirkliche Künstler nicht Idol oder Star, sondern nur – was viel mehr bedeutet – begnadeter Mitmensch und Mittler sein.“ [20]

Mit der Sicherheit des Glaubens schwand die Fähigkeit, Kunstwerke zu schaffen, die auf die nicht mit dem menschlichen Verstand erfaßbare, alles umfassende, grenzenlose transzendente Wirklichkeit hinweisen. Die Kunst verlor an Zeichenhaftigkeit; sie wurde banal und trivial; sie wurde formalistisch-ästhetisierend oder erschöpfte sich in unästhetischen bis makabren Experimenten. Sie wurde zum Propaganda- und Machtmittel gesellschaftspolitischer Auseinandersetzungen degradiert und verlor damit ihre eigentliche Funktion: geistige Werte zu vermitteln, in deren Erfassen – besser: von denen erfaßt und ergriffen – der Mensch zu sich selbst, zu seiner eigentlichen Bestimmung finden kann. Im Gegenteil: die moderne Kunst kreist derzeit noch weithin um Niedriges, Abseitiges, Krankhaftes, als ob es ihr

Anliegen wäre, dem Menschen alle Würde abzusprechen und ihn durch allmähliche Zersetzung in seiner geistigen Substanz zu zerstören.

Es kann nicht geleugnet werden, daß auch die christliche Kunst anfällig für derartige modische Tendenzen ist. Ihr mangelt heute großenteils jene Sicherheit, die Glaubensgewißheit ausstrahlt und gültige Maßstäbe setzt. Ihre Zeichenhaftigkeit überzeugt selten. Ihr geistiges Konzept ist oft unklar; theologische Ideen sind nicht so umgesetzt, daß sie zu klaren, verständlichen Aussagen führen. Gerade in der christlichen Kunst wird deutlich, in welch tiefe Krise der Mensch durch seine allzu schnellen Erfolge auf dem wissenschaftlich-technischen Sektor geraten ist; Erfolge von nur relativer Bedeutung, deren Überbewertung zu einer Fehleinschätzung menschlicher Möglichkeiten führt. Man darf aber annehmen, daß im Maß der unvermeidlichen und sich bereits abzeichnenden Ernüchterung sich eine neue Hinwendung zu den Glaubenswirklichkeiten vollziehen wird. Damit wird man nicht nur intensiver nach Zeichen suchen, in denen die transzendenten Bezüge erfahrbar werden, sondern es wird auch die christliche Kunst wieder an vorbildlicher Zeichenhaftigkeit gewinnen.

Es gibt bereits Anzeichen, die zur Hoffnung berechtigen. Heute noch „verfertigen viele kleine und kleinste Künstler Werke, zu denen sie einen theologischen Kommentar liefern, der jedem Kirchenvater Ehre machen würde. Die Werke werden indes dadurch weder künstlerisch noch theologisch wertvoller. Die Frage einer Symbolik des Beliebigen und Anonymen drängt sich auf.“[21] Vermutlich wird sich die Situation aber schon in naher Zukunft ändern. Die intellektuelle Einseitigkeit, die nicht zuletzt dazu geführt hat, daß unzutreffende Vorstellungen vom Menschen und von seiner Freiheit entstanden sind, wird nicht nur als

Mangel empfunden, sondern mehr und mehr als echte Gefahr erkannt. Man wird sich bewußt, daß die Verstandeskräfte nur ein Teil menschlicher Möglichkeiten sind und wohin ihre Überbewertung führt. Eine geistige Neuorientierung bahnt sich an, die gerade im künstlerischen Bereich ihren Niederschlag finden wird. Damit darf man auch von der christlichen Kunst künftig wieder stärkere Impulse erwarten.

Zur künstlerischen Qualität gestalteter Symbole

Daß Kunst nicht das Sichtbare spiegelt, sondern Unsichtbares sichtbar zu machen hat, gilt in besonderer Weise für die Symbolkunst. Sie „hebt an ihrem Naturbild nur das hervor, was zur Andeutung des geistigen Inhalts notwendig ist. Durch Stilisierung zeigt sie an, daß die Dinge der Natur enthoben sind, um etwas Höheres auszudrücken. Bei aller Verhüllung, die dem Symbol eigen ist, muß aber doch sein Sinn für den Eingeweihten klar ersichtlich und durch die Stellung und Umgebung des Motivs oder durch seine Kombinierung mit anderen Sinnbildern gekennzeichnet sein.“ [22] Man kann also sagen, daß die Zeichenhaftigkeit einer Darstellung umso klarer in Erscheinung tritt, je weniger naturalistisch und realistisch sie ist. Dem künstlerisch gestalteten Symbol ist eine Sparsamkeit und Strenge eigen, die den Blick auf das Wesentliche lenkt. Die Botschaft der geistigen Wirklichkeiten, die durch das Symbol übermittelt werden soll, ist in einer verspielten Darstellung nicht mehr eindeutig erkennbar. In einer vergangenen Epoche wurden die christlichen Inhalte oft „rigoros kolportiert, ohne das hinter den ‚leeren Masken des Christlichen‘ noch seine Kraft wirksam“ blieb[23]. Mit der Sentimentalisierung christlicher Inhalte tritt ebenso ein Substanzverlust ein wie durch ihre Darstellung in einer einseitig rationalen Zeichensprache. Das Symbol soll ja den ganzen Menschen ergreifen. Die umfassend-vielschichtige Wirklichkeit des Heils muß in Darstellungen zum Ausdruck gebracht werden, die den Menschen auf allen Ebenen ansprechen.

Wie stark die Zeichenhaftigkeit einer symbolischen Darstellung oder eines symbolischen Aktes von der äußeren Form abhängig ist, wird in den folgenden Überlegungen aufgezeigt: „Durch veränderten Maßstab oder wertloses Material tritt Substanzverlust ein: so ist eine schmächtige Osterkerze, in eine elektrisch beleuchtete Kirche getragen, sehr viel weniger als eine große, die in eine dunkle Kirche getragen wird; zwar ist in beiden Fällen die erforderliche Gestalt da, aber die scheinbar nebensächlichen näheren Umstände verändern alles. Ein würdig und ein nachlässig vollzogener Ritus scheinen uns überhaupt nicht mehr das gleiche auszusagen. Zwar bleibt der Inhalt unantastbar, aber die Gestalt ist der Ungunst der Verhältnisse ausgeliefert, dazu der mangelhaften Ausdrucksfähigkeit und Aufnahmefähigkeit. So ist das Symbol tief hineingezogen in das Elend einer beschädigten Welt. Es gibt nicht Feuer an sich oder Wasser überhaupt, sondern immer nur diese Kerzenflamme oder dieses brennende Scheit oder diesen frischen Quell und dieses in einem bestimmten Gefäß aufbewahrte Wasser. Damit erleidet der Inhalt, obwohl erhaben über allen Wechsel, den Anschein des Wechselnden, je neu zu Bestimmenden.“ [24]

Wie bedeutsam die richtige Wahl von Form und Material immer dann ist, wenn ein Gerät oder Gegenstand, eine künstlerische Darstellung oder ein Raum symbolischen Charakter hat, wird viel zu wenig beachtet. Die Massenproduktion hat ohnehin dazu geführt, daß das Qualitäts-

und Stilgefühl in unserer Zeit eher unterentwickelt sind. Auch im kirchlichen Raum verwendet man bedenkenlos anstelle echten Materials schlechte Imitationen und hat keine Hemmungen, Plastikgefäße, Plastikdecken, Plastikblumen oder häßliche Serienprodukte zu gebrauchen, obgleich der geistige Gehalt in einer billigen, schlechten Form kaum oder gar nicht mehr erkannt werden kann. Das Alltägliche, Gewöhnliche hat in unsere Kirchen weithin Einzug gehalten, zum Teil mit der Begründung, daß es der Kirche nicht anstehe, Aufwand zu treiben. Es geht hier aber weniger um finanzielle Aufwendungen, als vielmehr um Qualitätsbewußtsein und die Erkenntnis des Angemessenen. Im Zug der innerkirchlichen Neuorientierung bemüht man sich intensiv darum, die Glaubensbotschaft jeweils so zu formulieren, daß sie von jedem verstanden wird. Auch die Kirchen mit ihrer Innengestaltung, das liturgische Gerät, die liturgische Kleidung und viele andere Dinge, die unmittelbar oder mittelbar mit dem Gottesdienst zusammenhängen, sind Medien, die eine Botschaft vermitteln sollen; sie sind Träger der Verkündigung. Das verpflichtet dazu, sie so zu wählen oder zu gestalten, daß die Botschaft erfahren werden kann. Das Taufwasser bleibt Taufwasser, ganz gleich, ob es in einem handwerklich schön gestalteten Metallgefäß oder in einer maschinell gepreßten, synthetisch gefärbten Plastikwanne aufbewahrt wird; ob aber seine Zeichenhaftigkeit überhaupt erfaßt werden kann, das hängt weitgehend von der zeichenhaften Gestaltung des „Rahmens“ ab.

Es ist selbstverständlich, daß die Symbolkunst in jenen Zeiten höher entwickelt war, in denen noch jeder einen unmittelbaren Zugang zur Symbolwelt hatte, in denen die Gestalter von Symbolen eine klare Vorstellung von dem hatten, was sie aussagen wollten. Heute hingegen herrscht hier viel Unsicherheit. Mancher Künstler geht mit falschen Voraussetzungen an die Gestaltung symbolischer Darstellungen; Subjektivität tritt nicht selten an die Stelle der von der Sache her geforderten Objektivität. Aber das „Symbol ist Darstellung, nicht These, es ist Gestalt, nicht System. Hier wird nichts behauptet, nichts bewiesen, nichts erklärt, nichts bestritten. Es trennt nicht, es versöhnt. Es ist eine Mitte, zu der viele Linien laufen. Es ist wahr, weil es mit dem Urbild übereinstimmt, weil es von Wesen Übereinstimmung, Zusammenklang ist. Unwahr wird es erst, wenn eine ungeschickte oder allzu geschickte Hand durch Vernachlässigung oder Übertreibung etwas verschiebt oder willkürliche Bezüge herstellt."[25] Der Wert und die Bedeutung gestalteter Symbole ist umso größer, je tiefer der Künstler in die Wirklichkeit eingedrungen, je näher er der Wahrheit gekommen ist: denn das Symbol ist nur dann ein Symbol im eigentlichen Sinn des Begriffs, wenn es die urbildliche Ordnung der Welt darstellt und zur Erfahrung bringt.

Glaube als Voraussetzung christlicher Kunst

Sakrale Kunst in jeder Form verlangt besondere Qualität. Sie fordert nicht nur die Beherrschung der künstlerischen Mittel, sondern vor allem anderen tiefe Gläubigkeit: „Welche Kunstwerke gehören nach Form und Inhalt in den Kirchenraum und welche Werke sollte man in einem Raum, der für den christlichen Gottesdienst bestimmt ist, nicht mehr zulassen? Das ‚Medium ist hier noch nicht Botschaft', d. h. das künstlerische Mittel garantiert noch nicht die Offenbarung von Bibel und Kirche. Erst geprägt vom Geist Christi wird es zu der Verkündigung des Evangeliums. Es muß also eine Legierung oder Metamorphose stattfinden, eine innere

Aneignung und Umwandlung, ehe das Medium zum Träger der Verkündigung wird. Der Regen muß in dem Weinstock zu Trauben, und die Trauben durch die Gärung, zu Wein werden, ehe er zu stärken oder zu berauschen vermag. Diesen Lebensprozeß, den wir in der gesamten Natur beobachten können, nannten die Alten Metamorphosis oder Transsubstantiation, das heißt Wesensverwandlung."[26]
Dieser hohe Anspruch wird an die christliche Kunst unserer Tage kaum gestellt und deshalb wird so vieles geschaffen, was keinen oder nur geringen Zeichenwert hat. Auch die christliche Kunst wird weitgehend weniger vom Glauben als von Rationalität und Zweckhaftigkeit bestimmt. Die Sachlichkeit, die sich auch im Bereich der christlichen Kunst breitgemacht hat, ist ohne Frage ein Ausdruck unserer Zeit und zeugt für unsere innere Verarmung. Sie entspricht aber keineswegs unseren tiefen Sehnsüchten, die nach dem Reichtum, nach der Fülle verlangen. Nur wo man den Mut findet, sich zu diesem echten Verlangen zu bekennen, wird wieder eine christliche Kunst entstehen, in der der Reichtum und die Fülle Gottes zeichenhaft aufscheint.

Zweiter Teil

Wort und Schweigen

Wer errettet meine Seele vor den Worten der Menschen?
Sie tönen aus der Ferne wie Posaunen, aber wenn sie nahe kommen,
tragen sie nur Schellen.
Sie drängen sich hervor mit Fahnen und Wimpeln,
aber wenn der Wind aufsteht, zerflattert ihr Gepränge.
Höret, ihr Lauten und Vermeßnen,
ihr Wetterflücht'gen des Geistes und ihr Kinder eurer Willkür:
Wir sind verdurstet bei euren Quellen,
wir sind verhungert bei eurer Speise,
wir sind blind geworden bei euren Lampen!

G. v. Le Fort

Das Wort und seine Abwertung

Das Wort ist ein wesentliches Ausdrucksmittel des Geistes. Die Schöpfung wurde durch das Wort Gottes ins Dasein gerufen; der Kosmos ist ein Zeichen für die schöpferische und gestaltende Macht des Wortes, das aus der Fülle des Geistes kommt: am Anbeginn war das Wort des Herrn. An seinen Worten erkennt man, welchen Geistes ein Mensch ist. Die Sprache ist ihm gegeben, damit er sich selbst mitteilen kann; sie ist vor allem ein Zeichen dafür, daß er zur Teilnahme am Leben Gottes, an seinem Geist berufen ist. Das Tier kann sich nicht in Worten ausdrükken. Sprechen zu können ist aber nicht nur ein Vorrecht, sondern auch eine Aufgabe, deren sich die Menschen oft zu wenig bewußt sind. Denn ihre Worte dienen nicht immer der Wahrheit, vielmehr wird diese oft durch Worte verschleiert und entstellt. Durch das menschliche Wort wird nicht nur aufgebaut, sondern auch zerstört, nicht nur Frieden geschaffen, sondern werden auch Kriege ausgelöst.

Das Wort hat Macht, die sowohl das Leben des einzelnen wie das einer Gemeinschaft beeinflußt und gestaltet. Gemeinschaft entsteht ja erst durch die gleiche Sprache. Wer sie nicht versteht, bleibt am Rand, ist weitgehend ausgeschlossen, wird als Fremder von der Gruppe sogar als Bedrohung empfunden. Wer sich ausspricht, gibt etwas von seiner Besonderheit preis, läßt andere an seinem Wesen und an seinem Dasein teilnehmen, und mit Worten nimmt er selbst Anteil am Erleben und an den Erfahrungen seiner Mitmenschen. Einander-im-Wort-Sein bedeutet Verpflichtung. Wie weit man sich auf das Wort eines Menschen verlassen kann, ist eine Frage, die seine ganze Person, seinen Charakter betrifft. Wer leichtfertig oder vorsätzlich Worte

verdreht oder wortbrüchig wird, läßt damit erkennen, daß er sich selbst nicht besonders hoch einschätzt, weil er sich nicht zu gut für Unehrlichkeit und Vertrauensbruch ist.
Der allgemeine Vertrauensschwund, der in unserer Zeit zu beobachten ist, hat seine Ursache wesentlich im bedenkenlosen Umgang mit dem Wort. Seit man es im öffentlichen Leben für eine besondere Kunst hält, mit Worten zu jonglieren, mit ihnen hart am Rand der Wahrheit entlangzubalancieren; seit wir ständig mit Werbeslogans konfrontiert werden, deren Inhalt keineswegs der Wahrheit entsprechen muß; seit avantgardistische Literaten es für notwendig erachten, „die Sprache zu zerschlagen", um uns den Nonsens als Kulturleistung zu präsentieren; seit die Sprache als Verständigungsmittel desavouiert wurde; seit das inhaltlose Gerede, das unverbindliche Wort in Politik und Wirtschaft, auf dem Sport- und „Kultursektor", im Showbusiness, in der pseudowissenschaftlichen Arena und im Reklamewesen immer selbstverständlicher wird, verdichtet sich eine Atmosphäre allgemeinen Mißtrauens. Die Inflation der Worte ist Folge einer Zivilisation, die zu einer Gefahr echter Kultur geworden ist.
Das Wort verliert in dem Maß an Bedeutung, als der Sprecher nicht mehr mit seiner Überzeugung, „nach bestem Wissen und Gewissen" hinter ihm steht, sondern den Text einer Rolle bringt, die er in der Gesellschaft spielen möchte oder sich von dieser aufzwingen läßt. Wir können heute auch im kirchlichen Bereich beobachten, daß viele gar nicht versuchen, ihre persönliche Meinung auszudrücken, sondern sich so äußern, wie es ihrer Rolle als „Progressive" oder „Konservative", als „linke" oder „rechte" Christen entspricht. Man wählt eine Rolle und identifiziert sich mit ihr und scheint so der Mühe enthoben, einen persönlich verantworteten Standpunkt zu finden und ihm Ausdruck zu

geben. Das genormte, zur Floskel gewordene Wort, die frommen Tiraden – die heute zum Teil von sozialkritischen Tiraden abgelöst worden sind – haben im kirchlichen Raum zu jeder Zeit eine gewisse Rolle gespielt; im Zeitalter der Massenmedien finden sie eine ungeheure Verbreitung und überdecken nur zu leicht das Wort, das Gewicht hat und dem wir vertrauen können. Denn wer kann es noch heraushören aus all dem Lärm, der uns umgibt, und wer wagt noch zu vertrauen, wenn die halben Wahrheiten und Unwahrheiten so selbstverständlich und „gesellschaftsfähig" sind, daß die volle Wahrheit eher unglaubwürdig scheint: jene Wahrheit, die aus dem Geist kommt, und die nur im Schweigen vernommen wird.

Das Wort hat nur so viel Bedeutung wie der Geist, der in ihm zum Ausdruck kommt. Wir müssen immer neu im Schweigen nach dem Sinn fragen, der hinter allem Vordergründigen steht, weil unser Reden sonst geist-los wird: „Unsere Worte haben ihren Klang, ihren Wert, ihre Kraft verloren, weil sie von Menschen gesprochen werden, die das Schweigen nicht mehr kennen." (J. Angerhausen) Es gilt, das Wort in der Stille wieder aufzuwerten.

Stille im Gottesdienst

Der moderne Mensch ist aktiv. Er hat ständig ein so gedrängtes Programm, daß er sich daran gewöhnt hat, in Zeitnot zu leben. Er hat immer eine Fülle von Dingen zu bedenken und zu erledigen; er empfängt laufend neue Anregungen, neue Nachrichten und hat weder Zeit noch innere Muße, sie zu verarbeiten. Diese Situation spiegelt sich in der Gestaltung unserer Gottesdienste. Man geht von der fragwürdigen Voraussetzung aus, daß der Mensch von heute mit der Stille nichts mehr anzufangen wisse, daß er kaum noch fähig sei, in Ruhe und im Schweigen zu sich selbst und zu Gott zu finden. Ein Symptom für diese Einstellung war und ist der Versuch, die Gotteshäuser in Kommunikationszentren umzufunktionieren, sie zu Räumen zu machen, in denen nicht vor allem Gott, sondern der Mensch zu hören ist. Man fürchtet, daß ein Gottesdienst ohne reichhaltiges Programm und fortwährendes „Mittun" der gesamten Gemeinde nicht mehr zeitgemäß und darum unattraktiv sei: so wird nun pausenlos gepredigt und erklärt, gesungen und gemeinsam laut gebetet. Wenn auch Predigt, Gemeinschaftsgebet und Gesang wesentliche Elemente der Liturgie sind, so kann doch ein Gottesdienst nicht befriedigen, der kaum noch die Möglichkeit zu stiller Selbstbesinnung und zur persönlichen Hinwendung zu Gott gibt.

Feierliche Stille, die Atmosphäre der Sammlung und des intensiven Betens, ist in unseren Kirchen keine Selbstverständlichkeit mehr. Aber ist es nicht eine Vermessenheit, anzunehmen, daß den Gläubigen Gottbegegnung nahezu ausschließlich durch die Worte anderer Menschen vermittelt werden müsse, daß eine persönliche Gotteserfahrung im Schweigen nicht mehr möglich sei? Gab und gibt nicht gerade das Schweigen dem einzelnen die Freiheit, sich Gott in einer Tiefe zuzuwenden, wie sie durch die einseitig rationale Zustimmung zu dem durch die amtlichen Verkündiger interpretierten Wort Gottes nicht erreicht werden kann? Besteht nicht durch die Verdrängung der Stille die Gefahr, daß menschliches Tun den Raum vereinnahmt, in dem man Gott ahnen und erfahren kann? „Leicht können ... Zeichen, in denen der leise Gott dem Suchenden entgegenkommt, übersehen werden: In der Hektik des Vielbeschäftigten, aber auch dort, wo man mit vielen Worten auf Gott einzureden sucht, einen Monolog führt, in dem man weder sich, wie man ist, noch Gott, wie er sich vernehmbar machen will, einbringt. Werden sich die Zeichen seiner Nähe nicht eher dem kundtun, der still wird, der sich schweigend nach ihm ausstreckt, sich neigt vor seinem Geheimnis, im Einverständnis damit, daß seine Zeichen, wie er selbst, unerzwingbare Gnade sind?" (C. Bamberg)

Durch den Verzicht auf Stille kommen wir in Gefahr, auch im kirchlichen Gottesdienst auf der bloß menschlichen Ebene zu bleiben. Wir nehmen die Betriebsamkeit einer Welt, in der der Mensch mehr denn je davon überzeugt ist, daß er aus eigener Kraft „eine Stadt und einen Turm bauen (kann), dessen Spitze bis zum Himmel reicht" (Gen 11, 4), mit in den Raum, der Gott geweiht und in dem er in besonderer Weise gegenwärtig ist. Weil wir uns nicht selbst loslassen, begeben wir uns der Möglichkeit, ihn zu erfahren.

Absichtslose Stille, in der wir uns dem Ewigen, Gültigen öffnen, darf in unseren Gottesdiensten nicht fehlen. Wir bleiben arm, wenn wir versuchen, die Leere mit Worten zu füllen; wir werden reich, wenn wir wieder lernen, was erfülltes Schweigen ist. Denn Schweigen ist mehr und anderes als Nicht-Reden. Es ist Zeichen der Hingabe, der Bereitschaft, ganz offen zu werden für den Geist Gottes, der nur vernehmbar und erfahrbar wird, wenn wir uns selbst und unsere Worte nicht wichtiger nehmen als das, was er uns mitteilt. Gewiß fällt es heute vielen schwer, auch nur für kurze Zeit die Stille zu ertragen. Zu sehr sind wir an die ständige Geräuschkulisse gewöhnt; zu selbstverständlich ist es uns, unaufhörlich in Aktion zu sein. Stillschweigen ist Stillhalten. Unzählige leiden unter dem Mangel an Stille, ohne die eigene Unrast bezwingen zu können.

Und doch muß der Versuch gemacht werden, auch sie durch äußere Ruhe zur inneren Ruhe zu bringen. Hier ist auch zu bedenken, wie intensiv das aus gemeinsamer Glaubensüberzeugung erwachsene Schweigen die Gläubigen miteinander verbindet. Gewiß bedarf es des Wortes, um den Glauben entstehen, sich entfalten und sich vertiefen zu lassen. Es kann aber ein besonderes Zeichen der Gemeinschaft im Glauben sein, wenn man es versteht, miteinander zu schweigen.
Es hat sich mittlerweile herausgestellt, daß der Verlust der Stille im Gottesdienst ein Mangel ist, der nicht nur von einzelnen empfunden wird. Da die Liturgie mehr ist als Glaubensunterweisung und verbales Glaubensbekenntnis, muß in ihr im Zeichen auch das Unsagbare zum Ausdruck kommen; hier wird das Schweigen zum Zeichen der Offenheit für Gott. Er ist rational nicht erfaßbar, darum begegnen wir ihm nicht nur in der von Menschen überlieferten und interpretierten Botschaft, sondern er spricht uns unmittelbar in existentieller Tiefe an. Darum „Stille des Herzens. Stille der Sinne. Stille der inneren Worte, denn es ist gut, wenn du Gott wiederfindest, der die Stille im Ewigen ist." (A. de Saint-Exupéry) Wo kann der Mensch von heute noch zu solcher Stille finden, wenn nicht in der Kirche?

Schweigen als Zeichen der Ehrfurcht

Ehrfurcht läßt uns verstummen. Wo uns die Größe Gottes und seine Ewigkeit anrührt, empfinden wir unsere eigene Nichtigkeit: „Ehrfürchtiges Schweigen drückt vollkommenes Nicht-Tun aus. In ihm regt sich kein Wollen mehr. Das Ich erlischt oder ist nur noch empfangendes Gefäß. Sogar stummes Anschauen des Verehrten kann als unerträglicher

Eingriff in seine Wirklichkeit empfunden werden. Deshalb ist vor allem im religiösen Bereich Allerheiligstes selbst dem Blicke verschlossen . . . In Ehrfurcht erlebt der Betroffene seine Grenzen, die Grenzen seines Geistes, da er unmittelbar einem Gegenüber begegnet, das auch ihn selbst umfaßt, trägt und überragt. Von ihm ergriffen, kann er unmittelbar nur antworten, indem er sich willfährig und schweigend bedingungslosem Vertrauen – dem Urvertrauen des Lebendigen – ergibt."[27] Ehrfurcht erfaßt uns, wenn wir den verborgenen Sinn einer Wirklichkeit erahnen, die wir aus uns und mit unseren Kräften nicht schaffen können, die uns ein Geheimnis bleibt. Lebt der Mensch in dem Wahn, daß alles „machbar" sei, ist er unfähig, Ehrfurcht zu empfinden. Denn in sein begrenztes Blickfeld treten nur Mach-Werke, deren Maß er selber ist. Der religiöse Mensch jedoch lebt in dem Wissen um eine alles Maß sprengende Wirklichkeit und seine Abhängigkeit von ihr; es ist ihm bewußt, daß er in allem der Empfangende ist und daß er sich offen halten muß, um den Sinn des Geschaffenen und die Absichten des Schöpfers erfassen und annehmen zu können. Er weiß, daß er der Stille bedarf, um wahrnehmen zu können.

Jene Ehrfurcht, in der man innerlich still wird, kann nur von Menschen erfahren werden, die spüren, daß sie in eine vorgegebene Ordnung eingebunden sind: in eine Ordnung, die menschliche Erfahrungen, menschliches Begreifen übersteigt. Wenn der Mensch in Überschätzung und Fehleinschätzung seiner eigenen Leistungen und Möglichkeiten nicht mehr erkennt, daß er sich mit allem, was er ist und schaffen kann, dem Willen und der Liebe eines Größeren verdankt, wird er unfähig, Ehrfurcht zu empfinden. Doch ist damit seine Sehnsucht nach absoluter Vollkommenheit nicht gestorben. Der Ungläubige leidet unter der scheinbaren Sinn- und Bedeutungslosigkeit seiner Existenz und versucht, durch Lärm und Geschäftigkeit über die innere Leere hinwegzukommen. Gerade diese Reaktion macht ihn dann vollends unfähig, den Sinn des Lebens und des Weltgeschehens zu erfassen und – über die Grenzen seiner Einsicht hinaus – zu vertrauen. Denn solche Erkenntnis ist letztlich Gnade, der sich der Mensch nur in der Stille öffnen kann. Seine schweigende Ehrfurcht ist ein Zeichen der Bereitschaft: „Die Auseinandersetzung mit dem letzten Endes undurchschaubaren Gegenüber hat den Menschen immer wieder vor die Wahl gestellt, zu scheitern oder sich in Ehrfurcht auf das Wesentliche zu besinnen und sich in den ihm gesetzten Grenzen zu bescheiden. Sie zu erkennen und zu hüten war bisher höchstes Gebot der Weisheit und wird es immer bleiben.“ [28]

Haltung und Geste

Meditation des jüngsten Ministranten

Ich werde die Kerze tragen.
Dastehn
und dich ansehn.
Dich sieht zwar keiner.
Du bist aber da.
Durch die Flamme hindurch
werde ich dich ansehn.

Ich werde den Wein eingießen.
Dastehn
und dich ansehn.
Dich sieht zwar keiner.
Du bist aber da.
Durch den Priester hindurch
werde ich dich ansehn.

Ich werde zur Wandlung schellen.
Hinknien
und dich ansehn.
Dich sieht zwar keiner.
Du bist aber da.
Durch die Stille hindurch
wirst du mich ansehn.

Silja Walter

Haltung und Geste als Ausdruck des Geistes

In absoluter Übereinstimmung von Leib und Seele leben zu können, ist Wunsch eines jeden Menschen. Der Leib sollte vollkommener Ausdruck seines Geistes sein, die Geste Ausdruck seines Denkens und Empfindens. Wir müssen es jedoch hinnehmen, daß wir solche Einheit von Leib und Seele nur noch bedingt erreichen können. Mit der Ursprünglichkeit ging bei den hochzivilisierten Völkern die Geschlossenheit der physischen und psychischen Existenz weitgehend verloren und wir empfinden diesen Mangel besonders, wenn wir unsere eigenen Ausdrucksmöglichkeiten mit denen der Kinder und Naturvölker vergleichen. Wir sind kaum noch fähig, unsere Gedanken und Empfindungen spontan körperlich auszudrücken. Unsere Gesten sind eher gehemmt und nur noch wenige haben die Unbefangenheit, das, was sie denken und fühlen, in ausdrucksstarken Gebärden anderen mitzuteilen.

In der Liturgie, in der sich der ganze Mensch mit Leib und Seele vor Gott bringt, haben Gesten und Gebärden ebenso wie die Haltung eine besondere Bedeutung. Gesten unterstützen das gesprochene Wort, ersetzen oder ergänzen es und schlagen eine Brücke auch über Sprachschwierigkeiten hinweg. Gebärden und Körperhaltung von symbolischer Bedeutung sind nicht nur Zeichen innerer Einsicht, sondern drücken – gemeinsam vollzogen – auch Einheit und Gemeinschaft aus. Namentlich in der übereinstimmenden Körperhaltung und im gemeinsamen Vollzug ritueller Gesten zeigt sich, daß die Teilnehmer eines Gottesdienstes nicht nur Zuschauer einer Veranstaltung sind, sondern sich zu einer Gemeinschaft zusammengefunden haben: „Was sich dir hingibt, trennt sich auch wieder von dir, denn nur auf dem Wege über Gott führt eine Brücke von dir zu den anderen Menschen. Und die allein sind meine wahrhaften Gefährten, die mit mir im Gebete das Knie beugen. So unterwerfen sie sich dem gleichen Maß und werden zu Körnern der gleichen Ähre, die für das gleiche Brot ausersehen ist.“ (A. de Saint-Exupéry)

Da die Liturgie Ausdruck geistig-geistlicher Tradition ist, sind die Formen, in denen sie vollzogen wird, nicht nur Äußerlichkeiten, sondern wesentlich und bedeutungsvoll: Willkür widerspricht dem Gemeinschaftscharakter unserer Gottesdienste, insbesondere unserer Eucharistiefeiern. Wer die Liturgie wirklich mitfeiern und sich zur kirchlichen Gemeinschaft bekennen will, muß auch bereit sein, sich den jeweils gebräuchlichen Formen anzupassen und sie sich zu eigen zu machen. Die körperliche Haltung, die Gesten und Gebärden lassen einerseits die innere Einstellung des einzelnen erkennen; weil sie Ausdruck dessen sein sollen, was er persönlich denkt und empfindet, genügt es nicht, sie nur formal mitzuvollziehen. Andererseits bleiben die körperlichen Vollzüge nicht ohne Wirkung auf die geistigen: sie können zu wirk-samen Zeichen werden, die zu Sammlung, Aufmerksamkeit, Ehrfurcht und Gläubigkeit hinführen.

Die Neuordnung der Liturgie hat vorübergehend Unsicherheit und Unruhe in die Gottesdienste gebracht und bei manchen den Eindruck entstehen lassen, daß man besser bei der gewohnten Ordnung geblieben wäre, obgleich sie ihre Mängel hatte. Die Veränderungen können nur denen Gewinn bringen, die sich nicht grundsätzlich gegen jede Neuerung sträuben, sondern ihren Sinn zu erkennen suchen, sie aus freiem Willen akzeptieren und sie sich vertraut machen. Da Körperhaltung und Gebärden wesentlich zur Liturgie gehören, ist es zudem Aufgabe des Zelebranten, durch eine überlegte Gesamtgestaltung der Gottesdienste dafür zu sorgen, daß diese Zeichen klar, einfach und selbstverständlich mitvollzogen werden können. Wo der Zelebrant sich bemüht, die notwendigen Voraussetzungen zu schaffen, und wo die Gemeinde die Bedeutung der verschiedenen Haltungen und Gebärden kennt, wird man wieder in gesammelter Atmosphäre miteinander die Liturgie feiern können.

Form und Selbstachtung

Mit der Preisgabe verbindlicher Konventionen haben die gesellschaftlichen Formen einen Großteil ihrer Bedeutung verloren; man verkehrt zwang- und damit formloser untereinander. Nun ist sicher grundsätzlich nichts dagegen einzuwenden, wenn Förmlichkeiten aufgegeben werden, die ihren Sinn verloren haben und zu leeren Äußerlichkeiten geworden sind. Doch sollte nicht übersehen werden, daß in der Form, in der man mit sich selbst und den Mitmenschen umgeht und in der man sich an Gott wendet, Selbstachtung und Achtung vor dem Partner zum Ausdruck kommt. Es ist darum keineswegs bedeutungslos, welche Haltung wir einnehmen. Nicht in jeder Situation ist jene Lässigkeit angebracht, die viele zwar für ein Zeichen von Überlegenheit halten, die aber eher auf Gedankenlosigkeit, Unsicherheit und Nach-lässigkeit hindeutet.
Die Form, die wir namentlich im Gottesdienst wahren sollten, ist zwar vor allem Ausdruck der Ehrfurcht vor dem heiligen Geheimnis, das wir Gott nennen, aber auch Zeichen menschlichen Selbstbewußtseins. Denn im „Gegensatz zu den Tieren, die zur Erde gebeugt sind, vermag der Mensch den Himmel, den Lauf der Gestirne und der Zeit und damit Gott selbst zu erkennen“ (H. Schade). Die

Fähigkeit zur Gotteserkenntnis gehört wesentlich zum Menschsein; sie erhebt uns über alle anderen Kreaturen. Aufrecht und frei vor Gott zu stehen; aus eigenem Willen in Anerkennung seiner Größe vor ihm zu knien; in Ruhe zu sitzen, um zu vernehmen und Vernommenes zu bedenken, das sind Haltungen, an denen auch unser Selbstwertgefühl ablesbar wird und durch die wir ein Zeichen dafür geben, daß wir uns unserer Berufung dankbar bewußt sind.

Die verschiedenen Haltungen

Stehen, Sitzen und Niederknien sind die im Gottesdienst allgemein üblichen Haltungen. *Sitzen* ist ein Zeichen der Ruhe und Entspannung; im Sitzen kann man sich gut auf das Wort konzentrieren. In dieser Haltung hören wir Lesung und Predigt, nehmen an der Gabenbereitung teil und halten nach dem Kommunionempfang Einkehr. Damit das Sitzen im Gottesdienst seine Zeichenhaftigkeit nicht verliert, ist es wichtig, daß jeder für sich selbst darauf achtet, daß die Ehrfurcht vor den gottesdienstlichen Vollzügen auch dabei gewahrt bleibt.
Im *Sich-Erheben* und *Stehen* drückt sich Aufmerksamkeit, Aufgeschlossenheit, Bereitschaft aus und jene Freiheit, mit der der Christ Gott Ehrfurcht entgegenbringt und Gehorsam leistet. Stehen ist Ausdruck des Wachseins und der Bereitwilligkeit, einen Auftrag entgegenzunehmen und auszuführen. Das Stehen im Gottesdienst weist zudem darauf hin, daß der Christ mit dem Herrn auf-erstanden ist. In den ersten christlichen Jahrhunderten war das Stehen die übliche Gebetshaltung; stehend mit ausgebreiteten Armen wurden in der altchristlichen Kunst die Betenden, die Oranten, dargestellt. Auch das Chorgebet der Mönche

wurde ursprünglich stehend vollzogen. Unsere Lebensgewohnheiten haben sich aber so stark verändert, daß heute nur noch wenige fähig wären, über längere Zeit in dieser Haltung zu verharren. Nun erheben wir uns, wenn der Zelebrant als Repräsentant Christi einzieht, wenn wir den dreifaltigen Gott preisen, wenn Christus im Evangelium selbst zu uns spricht, wenn wir durch ihn Gott, den Vater, anrufen, wenn wir unseren Glauben bekennen und in unseren Fürbitten besondere Anliegen vor Gott bringen. Innere Sammlung läßt sich daran erkennen, *wie* wir stehen. Das *Knien* ist eine vereinfachte Form des Sichniederwerfens, ein Zeichen ehrfürchtiger Anbetung. Das Knien ist die dem Verhältnis zwischen dem Menschen und Gott angemessenste Haltung. Knien ist nicht nur ein Zeichen von Bußgesinnung, sondern auch der inneren Sammlung und Hingabe. Auf diese Weise bekennen wir unsere Abhängigkeit von unserem Schöpfer, unsere Ehrfurcht vor seiner Größe, Herrlichkeit und vollkommenen Liebe; Knien ist ein Ausdruck intensiven und inständigen Betens. Darum ist es auch heute noch weithin üblich, nicht nur bei der Wandlung, sondern während des ganzen Hochgebets zu knien. Wir knien vor dem Allerheiligsten und grüßen mit der Kniebeuge den Herrn im Tabernakel. Eine Kniebeuge, die nur eine flüchtig angedeutete Geste, eine leere Konvention ist, hat ihren eigentlichen Sinn verloren: dieser Gruß sollte immer ein bewußt vollzogener Akt der Ehrfurcht und Hingabe sein.

Die Hände

Gesicht und Hände sind in besonderer Weise vom Geist geprägt. Hände und Arme ineinanderlegen, die Finger verschränken oder gegeneinanderlegen zeigt innere Sammlung an und verhilft zu ihr. In seelischer Bedrängnis schließt sich der Mensch so von der Außenwelt ab, zieht sich in sich selbst zurück, um sich Gott in der Tiefe seines Seins zuzuwenden. Als Zeichen der Ergebung und Hingabe legt man seine Hände gebunden in Gottes Hand.

Andere und sich selbst mit dem Kreuz zu bezeichnen, ist ein alter christlicher Brauch, der auf die früheste Zeit der Kirche zurückgeht: „Dieses Zeichen des Heiles begleitete fast jede Handlung des Christen vom Aufstehen bis zum Schlafengehen, als Wehr gegen die Dämonen, als Waffe in der Versuchung, zur Stärkung des Glaubens und als offenes Glaubensbekenntnis."[29] Bezeichnet man einander mit dem Kreuz, so drückt sich darin Liebe, Fürsorge, Vertrauen in Gott und die Gemeinsamkeit des Glaubens aus. Diese Geste ist ein Symbol dafür, daß man einander in Gott verbunden ist.

Das Kreuz ist das Zeichen des Alls; in seinem Schnittpunkt treffen Vertikale und Horizontale zusammen. Es ist „kein abgetrennter, die Welt verneinender Marterpfahl; die Welt selbst und die Liebe zur Welt, bis ans Ende ihrer inneren Logik entwickelt, stehen im Schatten von Golgotha. Der Widerspruch der ewigen pfeilgeraden Sehnsucht und der geschlossenen, kreis- und kugelförmigen Weltlichkeit sind das dem Weltsein eingebrannte Zeichen des Kreuzes." (H. U. v. Balthasar) Weil Christus auf dem Schnittpunkt des Kreuzes bis in den Tod ausgeharrt hat – auf diesem Schnittpunkt, in dem menschliches Verlangen nach dem Göttlichen durchkreuzt wird von falschem, egoistischen Verhaftetsein an das Vergängliche –, ist das Kreuz zum Zeichen der Erlösung geworden, zum Zeichen des Heils. Es erinnert uns daran, daß auch wir in der Nachfolge des Herrn das Kreuz bejahen müssen; daß auch unser Platz

dort ist, wo die Sehnsucht nach dem Vollkommenen und die Verpflichtung der Welt gegenüber Spannungen schaffen, die bejaht und ausgetragen werden müssen.
Mit dem Zeichen des Kreuzes bekennen wir unseren Glauben an die Kraft der erlösenden Liebe Christi; im Zeichen des Kreuzes sammeln wir uns, bevor wir uns an Gott wenden. Das Kreuz ist ein Zeichen des Sich-Erinnerns und der Verpflichtung: es ist ein Bekenntnis. Es gibt kein mächtigeres Zeichen als das Kreuz, weil in ihm Christus gegenwärtig ist. Denken wir daran, wenn wir das Kreuzzeichen machen?

Wasser

Also spricht der Herr Jahwe: „Dieses Wasser fließt in den östlichen Raum, hinab zur Araba, und ergießt sich ins Meer, und ist es dort angelangt, so wird dessen Wasser gesund. Und alle Lebewesen, die sich dort tummeln, werden, wohin nur der Fluß kommt, am Leben bleiben, und zahllose Fische werden da sein, denn es kommen die Wasser dahin, und sie werden gesund, und alles wird leben, wohin der Bach kommt.

Und an den Ufern des Flusses sollen zu beiden Seiten allerlei Fruchtbäume wachsen, deren Laub nie welkt, deren Früchte nie ausgehen; jeden Monat sollen sie neue tragen, denn ihr Wasser kommt vom Heiligtum. Ihre Früchte werden als Nahrung und ihre Blätter als Arznei dienen."

Ezechiel 47, 8. 9. 12

Urelement des Lebens

„Im Anfang hat Gott Himmel und Erde geschaffen. Die Erde war wüst und wirr. Finsternis lag über der Urflut, und Gottes Geist schwebte über dem Wasser." (Gen 1, 1) Diese Worte, mit denen die Heilige Schrift beginnt, sind uns so vertraut, daß sie unsere Vorstellungskraft kaum noch anregen. Auch fragen sich viele, ob nicht die Schöpfungsgeschichte ein Mythos, eine reine Phantasievorstellung sei, die mit der Wirklichkeit wenig gemein hat und mit den mittlerweile erworbenen Erkenntnissen über die Entstehung unserer Erde nicht in Einklang zu bringen ist. Eine Antwort auf solche Bedenken ist die Schilderung, die Rutherford Platt in seiner naturwissenschaftlichen Darstellung der Bedeutung des Wassers für die Gestaltung unserer Erde und des Lebens auf ihr gibt: „Was für ein schrecklicher Prolog vor dem großen Wunder des Wassers und des Lebens! Das seltsame Auftreten von Ozeanen auf einem kleinen, unbelebten Planeten, in der Dunkelheit unterhalb der schwarzen Wolken, zur ständigen Begleitmusik der Gewitter, der Blitze und der Donnerschläge. Dies war die ‚prä-geologische Phase' des Planeten. Man hat errechnet, daß sie etwa anderthalb Milliarden Jahre dauerte, während denen die Ozeane schon den Erfolg einer erstaunlichen Konversion ankündigten: der Verwandlung eines heißen, tödlichen Satelliten der Sonne in ein potentielles Raumschiff für Lebewesen." Anderthalb Milliarden Jahre – ein Schöpfungstag Gottes! Vor Gottes Ewigkeit wie ein „Tag, der verging, nur einer Nachtwache gleich" (Ps 90[89], 4).

Wissenschaftliche Erkenntnis bestätigt die vorwissenschaftliche religiöse Einsicht, daß Leben nicht zufällig entstand, sondern vom ordnenden, schöpferischen Geist Gottes ins

Dasein gerufen wurde. In dem ungeheuer komplizierten Entwicklungsprozeß wurden die Voraussetzungen geschaffen: „Die Evolution des Lebens begann ... mit der Zusammensetzung des Ozeanwassers. Unfruchtbares Frischwasser aus den Vulkanen und Quelltiefen der Felsen, vermischt mit Regenwasser, mußte mit organischen Elementen, die sich aus dem Gestein gelöst hatten oder aus der Atmosphäre ausgewaschen waren, angereichert werden, um überhaupt die Voraussetzungen einer Urzeugung des Lebens zu liefern." (R. Platt)

Leben konnte und kann auf keinem Planeten entstehen, auf dem Wasserstoff und Sauerstoff in die kristalline Struktur des Gesteins eingebunden sind oder nur in gasförmigem Zustand vorkommen. Nur wo die Voraussetzungen dafür gegeben sind, daß aus der Wasserstoff-Sauerstoff-Verbindung Wasser entstehen kann, wird Leben möglich. Nicht „bestimmte Chemikalien und Verbindungen in einer ‚Ursuppe' waren Voraussetzungen für das Leben; lange vor dieser Chemie mußte etwas viel Einfacheres da sein, H_2O, Wasser, die größte Selbstverständlichkeit auf der Erde – und die größte Kostbarkeit im Weltraum, soweit wir ihn kennen. Offenbar konnten sich Wassermengen von der Größenordnung unserer irdischen Reservoire nur unter ganz außergewöhnlichen Umständen ansammeln. Es mußte einen Stern von einer bestimmten Größenordnung geben (Erde), der in einem ganz bestimmten Abstand eine Wärmequelle (Sonne) umkreiste. Hatte der Stern die falsche Größe oder den falschen Abstand, dann konnte das Spiel nicht gelingen. Ein zu schwerer Stern verändert – wegen der Gravitation – die Möglichkeiten der Wasser-Genese, ein zu leichter Stern entläßt die erforderlichen Atome zu rasch in den Weltraum. Ist der Abstand zur Sonne zu klein, verdampft das Wasser; ist er zu groß, dann gefriert es. Den

für das Leben notwendigen Aggregatzustand – flüssig! – gibt es in solchen Fällen nicht." (R. Kaufmann)
Je mehr wir über diese Voraussetzungen für die Entstehung von Leben wissen, umso abwegiger muß uns die Annahme erscheinen, daß es zufällig und „aus sich selbst" entstand; umso zwingender wird also der Schluß, daß nicht nur das Lebendige, sondern alles Geschaffene vom planenden, formenden und zielsetzenden absoluten Geist ins Dasein gerufen und in ihm erhalten wird; daß der Schöpfung ein großer Entwurf zu Grunde liegt, nach dem sie sich entfalten und vollenden wird. So ist aus dem sinnvollen Zusammenspiel zahlloser Faktoren und Gesetze das Urelement allen Lebens entstanden, dessen Möglichkeiten und Wirkungen erst allmählich deutlicher erkannt werden: „Was neuerdings aus wissenschaftlichen Laboratorien über das Wasser verlautbart, klingt oft wie fremdartige Science Fiction. Leistungen werden genannt, die geradezu unmöglich klingen, wenn man darüber nachzudenken beginnt. Die größte ‚Unmöglichkeit' dürfte darin bestehen, daß normales Wasser in der Lage ist, wilde, unordentliche Elemente zu ordnen, eine lebende Zelle daraus zu formen und dann die zitternde, delikate Substanz in flüssigen Systemen zu erhalten, während sich immer neue Zellen bilden und phantastische botanische Gärten oder tierische Menagerien auf einer Erdkugel schaffen, die durch den unfruchtbaren Weltraum rast." (R. Platt)
Aus sich kann freilich auch das Wasser weder Vegetation noch Leben schaffen, aber es ist folgerichtig und von innerer Logik, wenn wir in ihm das Element sehen, das als Träger allen Lebens auf den Leben schaffenden und Leben erneuernden Geist hinweist.

Sinnbild des Geistes

„Das Wasser ist das auflösende und das zeugende Element zugleich, und darin eben ist es das Gleichnis, mehr: die sinnliche Spiegelung des Geistes. Eindringend durch die feinsten Poren des festen, massiven Daseins, löst es von innen her das Undurchsichtige auf und setzt es in seiner eigenen kristallenen Klarheit neu zusammen. Der transparente Wassertropfen, blitzend im Licht der Sonne, ist das Sinnbild des Geistes und seiner Durchsichtigkeit in Gott." (H. U. v. Balthasar) Aus dem Wasser und dem Geist entsteht alles Leben. Wasser ist die Materie, durch die der Geist alles ins Leben ruft; ohne den Geist kann auch aus dem Wasser kein Leben entstehen.
Die reinigende und lösende Kraft des Geistes, seine Fähigkeit umzuwandeln, zu erneuern, zu stärken und zu erfrischen, finden wir auch beim Wasser. In der Trockenheit geht das Lebendige zugrunde, auf der geistigen wie auf der materiellen Ebene. Auch vermittelt uns kein anderes Element so eindringlich die Vorstellung von Weite, Tiefe und Fülle: die Wasser des Meeres, ihr Strömen und Fluten, geben uns eine Ahnung von der Unendlichkeit Gottes, von seiner in sich ruhenden Kraft und dem unaufhaltsamen lebendigen Wirken seines Geistes: „Wasser, du hast weder Geschmack noch Farbe, noch Aroma. Man kann dich nicht beschreiben. Man schmeckt dich, ohne dich zu kennen. Es ist nicht so, daß man dich zum Leben braucht: du selber bist das Leben! Du durchdringst uns als Labsal, dessen Köstlichkeit keiner unserer Sinne auszudrücken fähig ist. Durch dich kehren uns alle Kräfte zurück, die wir schon verloren gaben. Dank deiner Segnung fließen in uns wieder alle bereits versiegten Quellen der Seele. Du bist der köstlichste Besitz dieser Erde." (A. de Saint-Exupéry) Das

gleiche läßt sich vom Geist sagen. Es ist uns zwar unmöglich, das Wesen des göttlichen Geistes in Worten oder Vergleichen zu erfassen und darzustellen; jene Korrespondenz aber zwischen dem ungeschaffenen und geschaffenen Sein, die Voraussetzung dafür ist, daß es überhaupt Zeichen und Symbole geben kann, trifft auf die Beziehung zwischen Geist und Wasser in besonderer Weise zu. Wasser ist kein mehr oder weniger willkürlich vom Menschen erfundenes oder gesetztes Symbol, wie etwa Fahnen oder Embleme, sondern sein Zeichencharakter ist durch die von menschlicher Erkenntnis unabhängige Ähnlichkeit zwischen ihm und dem Bezeichneten, dem Geist, gegeben:

„Trunkenheit des Wassers,
welches das Unendliche und die Befreiung ist.
Aber der Geist ist ihm noch überlegen
in Kraft der Durchdringung und in Freiheit.
Aufschwung zu Gott, dem Absoluten,
der uns allein vom Bedingten befreit.
Aber hienieden sind wir von ihm geschieden.
Dennoch ist er da, wenn auch unsichtbar,
und wir sind ihm verbunden durch dieses flüssige Element,
Geist oder Wasser, von dem alles durchtränkt ist.
Vision der Ewigkeit in der vergänglichen Kreatur ...

... Was andres ist Wasser als die Sehnsucht, flüssig zu sein
und vollkommen licht in der Sonne Gottes
wie ein durchscheinender Tropfen?“

(P. Claudel)

Die Wandlungsgewalt des Wassers

Das Wasser selbst ist in ständigem Wandel. Es speichert Sonnenenergie, verdunstet, steigt auf, Wolken bilden sich, als Regen kehrt es zur Erde zurück. Pflanzen und alle

Lebewesen brauchen zu ihrer Existenz Wasser und bestehen zu einem großen Teil aus Wasser. Es ist das Element, durch das sich der Geist in immer neuen Formen offenbart: „Ist . . . die Natur nicht ein Meer des Werdens, in welchem unendlich verschiedene Ideen sich tausendfältig spiegeln, und dessen Tropfen in tausendfältigen Formen erscheinen, je nachdem sie momentan und freilich ohne zu beharren, nach dem Gesetze der einen oder anderen Idee sich ordnen? – Derselbe Kohlenstoff lebte gestern vielleicht in unserm Blute, schwebt heute immer tätig in der Erdatmosphäre und wirkt vielleicht morgen in der keimenden Pflanze! Wo wir das Auge des Geistes hinwenden, ein stetes Ziehen, Drängen und Werden der Elemente, die so oder so erscheinen, je nachdem eine oder die andere Idee sie erfaßt, ordnet und begeistigt." (C. G. Carus) Immer ist es das Wasser, das solche Umwandlung ermöglicht. Es ist trächtig von Leben und Grundsubstanz allen Lebens. Ohne Wasser wäre die Erde ein toter Planet; es gäbe keinen Wandel und keine Entwicklung.

Lebenspendendes Wasser der Kirche

Als Urelement des Lebens und Sinnbild des Geistes kommt dem Wasser in der Kirche besondere Bedeutung zu. Der Gläubige empfängt in der Taufe das neue Leben aus dem Wasser und dem Heiligen Geist. Im Formular der Taufwasserweihe wird auf die lebenspendende, reinigende, umwandelnde und stärkende Kraft des Wassers hingewiesen:

„Allmächtiger, ewiger Gott,
deine unsichtbare Macht
gibt den Sakramenten der Kirche
geheimnisvolle Heilkraft und Wirkung.

Auf vielfache Weise hast du das Wasser dafür bereitet,
auf die Taufe hinzuweisen.
Schon am Anfang der Schöpfung
schwebte dein Geist über den Wassern,
um ihnen heiligende Kraft zu geben.
In den Wassern der Sintflut
hast du unsere Taufe vorgebildet,
da sie den alten Menschen vernichtet,
um neues Leben zu wecken.
Die Söhne Abrahams hast du trockenen Fußes
durch das Rote Meer geführt.
Darin schenkst du uns ein Bild des österlichen Sakramentes,
das uns aus der Knechtschaft befreit
und uns hinführt in das Land der Verheißung.
Als aber die Fülle der Zeiten kam,
wurde dein geliebter Sohn von Johannes getauft
und von dir mit heiligem Geist gesalbt,
um im Wasser des Jordan unsere Sünden abzuwaschen.
Am Kreuz ließ er aus seiner Seite Blut und Wasser hervorquellen
und schenkte damit der Kirche Ursprung und Leben.
Nach seiner Auferstehung gab er den Jüngern den Auftrag:
Geht hin und lehrt alle Völker und tauft sie im Namen des Vaters
und des Sohnes und des Heiligen Geistes.
Wir bitten dich:
Schau hin auf das Antlitz deiner Kirche
und mache sie durch das Sakrament der Wiedergeburt
zur Mutter vieler Kinder.
Herr, unser Gott,
schenke diesem Wasser die Kraft des Heiligen Geistes,
damit der Mensch,
der auf dein Bild hin geschaffen ist,
neue Schöpfung werde aus Wasser und Heiligem Geist."

Das Wasser ist hier Symbol des göttlichen Lebens, das jedem geschenkt wird, der sich zu Christus bekennt und teilhaben will an seinem Tod und seiner Auferstehung. Im Wasser der Taufe vollzieht sich die geistige Neugeburt: Die Rückkehr zu Gott, die Wiedergeburt zu einem Leben in

Fülle, das durch nichts gefährdet werden kann, wird zeichenhaft durch die Begegnung mit dem alles Ungute abwaschenden, erfrischenden und belebenden Element dargestellt. Wer sich in der Nachfolge Christi taufen läßt, übergibt sein von Selbstsucht und Selbstgerechtigkeit geprägtes, der Schuld der Menschheit verhaftetes Dasein dem reinigenden Wasser und gewinnt ein Leben, das nicht mehr vom Tod bedroht ist. Ihm wird in der Taufe ewiges Leben geschenkt.

Vom Ursprung der Welt bis zu ihrer Erlösung ist und bleibt das Wasser jenes Element, aus dem durch den Geist Gottes Leben entsteht. Diese Wahrheit wird in der Heiligen Schrift in immer neuen Bildern und Zusammenhängen ausgesagt. Der Garten Eden, das Paradies des Menschen, ist umflossen von den vier Paradiesesflüssen, denen er seine Fruchtbarkeit verdankt. Als Vorbild der Reinigung von der Sünde durch die Taufe schwemmen die Wasser der Sintflut die Verderbtheit der Welt hinweg; mit dem aus der Flut erretteten Noach aber schließt Gott einen ewigen Bund (Gen 7–9). Die Feinde des auserwählten Volkes kommen in den Fluten des Roten Meeres um, und so führt Gott sein Volk durch die Wasser hindurch in die Freiheit (Ex 14). Zahlreiche Schriftstellen des Alten Testamentes weisen auf das heilige Geheimnis des Wassers hin, das uns in seiner ganzen Tiefe durch Christus erschlossen wurde: „‚Wen dürstet, der komme zu mir, und es trinke, wer an mich glaubt; wie die Schrift sagt: Ströme lebendigen Wassers werden aus seinem Leibe fließen.‘ Das aber sagte er von dem Geist, den die empfangen sollten, die an ihn glaubten." (Joh 7, 37–39) Und: „Wer nicht aus Wasser und Geist geboren wird, kann nicht in das Reich Gottes eingehen." (Joh 3, 5)

Wasser ist nun Sinnbild der Gnade und des Heiles, das jeder empfängt, der sich zu Christus bekennt und ihm nach-

folgen will: „Wer aber von dem Wasser trinkt, das ich ihm geben werde, wird in Ewigkeit nicht mehr dürsten, sondern das Wasser, das ich ihm geben werde, wird in ihm zu einer Quelle von Wasser werden, das ins ewige Leben sprudelt.“ (Joh 4, 14) Die Ströme lebendigen Wassers, Symbol des Heiligen Geistes, werden uns im unvergänglichen Leben bei Gott erhalten: „Und er zeigte mir einen Strom von Lebenswasser, glänzend wie Kristall; der geht vom Throne Gottes und des Lammes aus. Inmitten ihres Platzes und zu beiden Seiten des Stromes steht der Baum des Lebens, der zwölf Früchte trägt. Jeden Monat spendet er seine Frucht, und die Blätter des Baumes dienen zur Heilung der Völker.“ (Offb 22, lf) So wird uns im letzten Kapitel der Schrift die Gottesstadt, das himmlische Jerusalem, geschildert.
Im christlichen Brauchtum und in der kirchlichen Liturgie ist das reinigende, erneuernde und lebenspendende Wasser ein Symbol unserer Verbundenheit mit Christus. Wird dem Wein bei der Gabenbereitung in der Eucharistiefeier ein wenig Wasser beigemischt, so soll damit unsere innige Verbindung mit dem Herrn gleichnishaft dargestellt werden. Jedes Weihwassernehmen ist nicht nur eine Geste des Sich-Reinigens, sondern als Taufgedächtnis und Tauferneuerung ein Sich-Öffnen für den Geist Christi. Wo immer in der Kirche Wasser verwendet wird, soll dadurch letztlich auf Christus, den Urquell des Lebens, hingewiesen werden:

„Wohl kenn den Urquell ich, der quillt und fließet:
  Obgleichs bei Nacht ist.

Der ewge Quell, der im Verborgnen fließet,
Wohl weiß ich, wo er seine Flut ergießet:
  Obgleichs bei Nacht ist.

Wohl weiß ich, daß er nicht ist zu ergründen,
Und daß sich selbst verliert, wer Grund will finden;
  Obgleichs bei Nacht ist.

In ewger Klarheit rinnen seine Wellen:
Ich weiß, daß alles Licht aus ihm muß quellen;
Obgleichs bei Nacht ist.

Ich weiß, daß seine Flut so mächtig fließet,
Daß Höllen, Himmel, Völker sie begießet;
Obgleichs bei Nacht ist.

Und dieser ewge Quell, uns zu beleben,
Hat sich im Lebensbrote uns gegeben;
Obgleichs bei Nacht ist.

Hier quillt er, zu sich ladend alle Wesen,
Daß sie an ihm sich laben und genesen;
Obgleichs bei Nacht ist.

Ja, ich erblick ihn hier in diesem Brote,
Und sehn und schmachte mich nach ihm zu Tode;
Weil es bei Nacht ist."

Johannes vom Kreuz

Licht und Feuer

Meditation der Kerze

Ich gehöre auf diesen Festtisch
hier,
aber ich sage nichts als:
„Licht".
Das genügt.
Mit mir ist das Ganze gemeint:
der Herr.

Wachs
bis zum letzten Tropfen
verzehrt und
ausgetropft
unter der Flamme.
Mit mir ist das Ganze gemeint:
der Herr.

Ich gehöre auf diesen Festtisch
hier,
aber ich sage nichts als:
„Licht“.
Damit ist das Ganze gemeint:
der Herr.
Ausgetrampelter
letzter Funke
im Gras auf Golgotha,
auch die Sonne erlosch.

Behang,
entzweigerissen von selbst
im alten Festhaus,
in Fetzen herunterhängende
Weltfinsternis,
verschlungen
vom Ausbruch der Osterherrlichkeit –

Ich sage nichts als:
„Licht“.
Damit ist das Ganze gemeint,
alles,
was eben hier wieder geschieht.

Ich gehöre auf diesen Festtisch
hier,
der, den ich meine,
der gemeint ist mit mir
ist da und feiert;
der Herr.
Er sieht den Leuchter neben sich stehen
und erkennt sich selber,
sein Leben und Sterben und Werk und Reich
in mir,
wie ich so brenne
auf seinem Festtisch.

Silja Walter

Ohne Licht kein Leben

Aus Wasser und Feuer ist alles Leben entstanden: „Wie würde die Welt aussehen ohne Strahlen? ‚Aussehen' würde sie überhaupt nicht. Denn von ‚Sehen' wäre ja keine Rede ohne Licht. Wohl hätten Weltall, hätten die Gestirne entstehen können als Zusammenballungen der Urmaterie mit entsprechend starker Erhitzung. Die heißen Gaskugeln aber hätten sich in Äonen nicht abgekühlt. Ohne die Möglichkeit der Abstrahlung von Energie wären sie im leeren Weltraum thermisch absolut isoliert gewesen. Und hätte eine ‚Sonne' irgendeinmal ‚Planeten' abgespalten, wären auch sie auf ihrer ursprünglichen hohen Temperatur verblieben. Leben wäre undenkbar. Zum irdischen Leben gehört andererseits notwendig die Strahlung der Sonne. Sie spendet uns Licht und Wärme. Sie ist Ursache von Tagesrhythmus und Jahreszeiten. Sie steuert das Wetter und den Kreislauf des Wassers. Sie liefert die Energie für den Pflanzenwuchs und damit für Tier und Mensch. Jedes Kilo Kohle, jedes Liter Erdöl, das wir verbrennen, ist aufgespeicherte Energie der Sonnenstrahlung." (W. Braunbek)
Feuer ist die Quelle des Lichts und der Wärme, ohne die kein Leben möglich ist: die Vorstellung von ewiger Nacht und Kälte vermittelt uns eine Ahnung von dem, was endgültiger Tod ist. Darum ist das Feuer für viele Religionen nicht nur ein Sinnbild der Gottheit, sondern selbst wesenhaft göttlich und darum verehrungswürdig. Seine geheimnisvolle und dabei gefährliche Kraft spielt auch noch in den Volksbräuchen unserer christlichen Welt eine bedeutende Rolle. Wo es nicht zur Gottheit personifiziert wird, gilt es als Offenbarung göttlicher Lebenskraft. „Das Licht der Welt erblicken" ist gleichbedeutend mit geboren werden. „Wenn die Sonne stirbt", ist allem Wachstum und Leben

auf unserem Planeten ein Ende gesetzt. Einmal wird die Sonne erkalten und damit wird unsere Welt in Kälte, Finsternis und Schweigen versinken. Aber dessen ungeachtet bleibt das Leben im Dasein erhalten: durch Gott, der das Licht ist, das „präexistente Licht, (das) geduldig und unfehlbar unsere Dunkelheiten aus(räumt)“ (P. Teilhard de Chardin).

Gott ist Feuer und Licht

Das natürliche Licht ist ein Symbol für das absolute, universale Licht: für Gott selbst. Das Feuer seines Geistes erhellt, erwärmt und verwandelt den Menschen, macht seinen Geist und seine Seele licht und klar. Die besondere Nähe Gottes wird im Verlauf der Menschheitsgeschichte immer wieder durch Feuer und Licht angezeigt. Im Zeichen des Feuers erschien Gott Mose, um ihn zum Führer der Israeliten zu berufen (Ex 3, 2–6); im Zeichen der feurigen Wolke erleuchtete er ihren Weg durch die Wüste (Ex 13, 21 f). Als Mose das Gesetz des Herrn auf dem Sinai empfing, stellte sich den „Augen der Israeliten . . . die Herrlichkeit Jahwes dar wie ein verzehrendes Feuer auf dem Gipfel des Berges“ (Ex 24, 17). Der Heilige Geist kam in Gestalt von „Zungen wie Feuer“ auf die Apostel herab und erfüllte sie mit Erkenntnis, Zeugniskraft und innerer Klarheit (Apg 2, 3). An unzähligen Stellen spricht die Heilige Schrift von Gottesoffenbarungen im Zeichen von Feuer und Licht. In diesem Zeichen erfahren Menschen ihre besondere Berufung wie die Propheten Jesaja und Ezechiel (Jes 6; Ez 1) oder Paulus vor Damaskus (Apg 9). Die Geistesglut Gottes erleuchtet; sie reinigt und verzehrt das Ungute. Zu allen Zeiten haben Menschen erfahren, daß sie das Feuer des

göttlichen Zornes getroffen hat, wenn sie sich dem Willen ihres Schöpfers zu widersetzen suchten.
Als Gott die Schöpfung aus der Finsternis ins Licht rief, rief er sie ins Leben. Das natürliche Licht der Sonne macht unsere irdische Existenz möglich; das Licht der Liebe Gottes schenkt uns das ewige Leben in seiner Herrlichkeit. Schon hier und jetzt brennt in uns die Sehnsucht nach dieser Vollkommenheit, nach grenzenloser Liebe, Schönheit und Freude, die Gott durch sein Wirken in uns weckt:

„Du Feuerherd mitten im Dunkel der eisigen Weltnis:
Sei geliebt, Liebe!
Du Flammenschatten über allem falschen Leuchten der Weltnis:
Sei geliebt, Liebe!
Du brennendes Mal in aller falschen Ruhe der Weltnis;
Du einsames Herz, du loderndes Herz, du unauslöschliches Herz:
Sei geliebt, ewige Liebe!" G. v. Le Fort

Wie Gott am Beginn der Schöpfung die Finsternis in Licht verwandelte, damit sich die Erde mit Leben erfülle, so erhellt er auch das Dunkel, in das die Menschheit durch eigene Schuld geraten ist, durch das Licht seiner Gnade und schenkt uns das ewige Leben durch die Menschwerdung seines Sohnes. Mit seiner Geburt brach das unvergängliche Licht in die Welt ein: „Tiefstes Schweigen hielt alles umfangen: die Nacht hatte in ihrem Lauf die Mitte ihres Weges erreicht: da kam, o Herr, aus dem Himmel vom Königsthrone herab dein allmächtiges Wort." (Weish 18, 14f)

Jesus – das Licht der Welt

Christus ist in die Welt gekommen, um „mit Heiligem Geist und mit Feuer zu taufen" (Lk 3, 16). Er sagt von sich selbst:

„Feuer auf die Erde zu werfen bin ich gekommen, und wie wünschte ich, daß es schon brenne!“ (Lk 12, 49) Den Einbruch des Lichts in die Finsternis der von Schuld umstrickten Menschheit feiert die Kirche in der Osternacht mit dem Exsultet, dem großen Lobgesang:

„Lobsinge, du Erde, überstrahlt vom Glanz aus der Höhe!
Licht des großen Königs umleuchtet dich.
Siehe, geschwunden ist allerorten das Dunkel.
Auch du freue dich, Mutter Kirche,
umkleidet von Licht und herrlichem Glanze!
Töne wider, heilige Halle,
töne von des Volkes mächtigem Jubel . . .

O wahrhaft selige Nacht,
dir allein war es vergönnt, die Stunde zu kennen,
in der Christus erstand von den Toten.
Dies ist die Nacht, von der geschrieben steht:
‚Die Nacht wird hell wie der Tag,
wie strahlendes Licht wird die Nacht mich umgeben.‘
Der Glanz dieser heiligen Nacht nimmt den Frevel hinweg,
reinigt von Schuld, gibt den Sündern die Unschuld,
den Trauernden Freude.
Weit vertreibt sie den Haß,
sie einigt die Herzen und beugt die Gewalten . . .

O wahrhaft selige Nacht,
die Himmel und Erde versöhnt,
die Gott und Menschen verbindet!

Darum bitten wir dich, o Herr:
Geweiht zum Ruhm deines Namens, leuchte die Kerze fort,
um in dieser Nacht das Dunkel zu vertreiben.
Nimm sie an als lieblich duftendes Opfer,
vermähle ihr Licht mit den Lichtern am Himmel.

Sie leuchte, bis der Morgenstern erscheint,
jener wahre Morgenstern,
der in Ewigkeit nicht untergeht:

dein Sohn, unser Herr Jesus Christus,
der von den Toten erstand,
der den Menschen erstrahlt in österlichem Licht,
der mit dir lebt und herrscht in Ewigkeit!"

Christus selbst ist das Licht, das mit dem Feuer göttlicher Liebe die Schöpfung erhellt und durchglüht und so verändert. In „Die Messe über die Welt" schildert Teilhard de Chardin das Wirken des Herrn in der Welt so: „Das Feuer . . . ist nicht lärmend auf die Gipfel herabgefallen wie der Blitz in seinem Glanz. Bricht der Herr die Türen auf, um bei sich einzugehen? Ohne Erschütterung, ohne Donner hat die Flamme alles von innen erleuchtet. Vom Herzen des geringsten Atoms bis zur Energie der universellsten Gesetze hat sie individuell und in ihrer Gesamtheit jedes Element, jede Triebkraft, jede Bindung unseres Kosmos so natürlich durchdrungen, daß man von ihm glauben könnte, er habe sich spontan entflammt."

Symbol der brennenden Liebe Christi, die wieder Licht und Wärme in die von der Finsternis des Todes umfangene Schöpfung brachte, sind die Flammen auf den bildlichen Darstellungen seines Herzens. Menschen anderer Zeiten war es deutlicher bewußt, wie radikal die Menschwerdung, das Eingehen Gottes in die Schöpfung, alles Geschaffene verändert. Uns fällt es eher schwer, uns vorzustellen, was es bedeuten würde, in einer Welt ohne Hoffnung und Liebe zu leben. Uns ist es selbstverständlich, daß auch in einer Zeit wie der unsrigen, in der man dem Christentum seine Existenzberechtigung absprechen möchte, christliche Maßstäbe, christliche Werte, christlicher Geist Verbindlichkeit haben; daß sich das soziale Gewissen an den Forderungen des Evangeliums orientiert, und zwar auch dann, wenn man ausdrücklich den Glauben an Christus zurückweist; daß wir einer Existenz entgegenleben, in der es die Schatten

und Dunkelheiten nicht mehr gibt, in die der Mensch durch seine Abkehr vom göttlichen Licht geraten ist.
Wir leben so fraglos diesem Licht entgegen, daß wir uns kaum ausmalen können, wie eine Existenz ohne das Licht des Glaubens, der Liebe und der Hoffnung aussehen würde, ohne dieses Licht, das seinen Ursprung in der Liebe Gottes zu seiner Schöpfung hat, die zum Geheimnis der Menschwerdung führte. Mit seinem Erlösungstod ist Christus in die Schöpfung eingegangen, um sie von innen her umzugestalten: „Ohne Erschütterung, ohne Donner hat die Flamme alles von innen erleuchtet"; das Wirken seines Geistes vollzieht sich in der Stille, für unsere Ungeduld scheinbar zu langsam, zu unbemerkt, zu wenig sensationell und aufsehenerregend, dafür aber unaufhaltsam und beständig. Es geht ja nicht um Veränderungen an der Oberfläche, sondern um eine Erneuerung und Neubelebung der Substanz bis in ihre tiefsten Schichten. Das Dunkel menschlicher Schuld kann nicht weggewischt, sondern muß echt bewältigt werden: überall, wo das Licht Christi Menschen trifft, ihnen die Angst nimmt und ihnen den Weg weist; überall, wo das Licht der Erkenntnis Menschen zur Nachfolge des Herrn veranlaßt, wo Gemeinschaft entsteht, die auf Vertrauen gründet, wird Unrecht aufgearbeitet und überwunden.
„Illuminatio", Erleuchtung, wurde in der Urkirche das Sakrament der Taufe genannt, in dem sich der Katechumene zu Christus bekennt, weil er in ihm das Licht der Welt erkannt hat. Aus der Taufe darf der Gläubige die Gewißheit auf seinen weiteren Lebensweg mitnehmen, daß er nunmehr „nicht mehr im Finstern wandeln, sondern das Licht des Lebens haben wird" (Joh 8, 12). Die Verheißung lautet, daß dieses Licht das ganze Universum im Verlauf seiner Geschichte erreichen, durchdringen und umgestalten wird.

Erst wenn dieser Prozeß abgeschlossen ist, wird eine „neue Erde“ sein: Am Ende der Zeit wird das „neue Jerusalem“ der vollendeten Schöpfung weder Sonne noch Mond brauchen, „denn die Herrlichkeit Gottes erleuchtet sie und ihre Leuchte ist das Lamm“, Christus, der Herr (Offb 21, 23).

Licht und Feuer im Gottesdienst

„Als immateriellste Erscheinung der ganzen Schöpfung eignet sich das Licht besonders, Symbol der Geistigkeit Gottes zu sein“[30], Symbol der Liebe des dreifaltigen Gottes. Alles Licht, das die Kirche erhellt, geht von dem Wissen aus, daß die Liebe Gottes den Tod bezwang, daß in der Auferstehung des Herrn das Licht alles Dunkel besiegte. Weil mit diesem Ereignis das Licht Gottes in die Welt einbrach und ihr Hoffnung schenkte, wurde die Osterkerze zum Zeichen unserer Hoffnung und unseres Glaubens. Wir entzünden sie in der Osternacht, die zunächst noch von der Dunkelheit des Todes Christi gezeichnet ist. Als Symbol seiner Auferstehung, seiner Aufnahme in die Herrlichkeit göttlichen Lebens, erhellt sie die Finsternis, die uns noch umgibt. Das Licht der Osterkerze wird weitergegeben an alle, die aus dem Glauben leben wollen, an alle, die sich zu Christus bekennen. An der Osterkerze wird auch die Taufkerze entzündet: zeichenhaft wird ihr Licht in das Leben des Täuflings hineingenommen. Als Kommunionkerze, als Braut- oder Primizkerze und am Ende der irdischen Existenz als Sterbekerze begleitet sie den Christen durch sein ganzes Leben, ist Symbol seiner tiefen Verbundenheit mit dem Herrn und Zeichen der Hoffnung.
„Es ist der tiefste Sinn des Lebens, sich in Wahrheit und Liebe für Gott zu verzehren, wie die Kerze in Licht und

Glut.“ (R. Guardini) Die Kerze ist nicht nur ein Zeichen der Hoffnung, sondern erinnert uns als Symbol Christi daran, daß unser Leben Hingabe sein soll. Darum kommt dem Kerzenlicht in unseren Gottesdiensten besondere Bedeutung zu. Es gibt ihnen nicht nur Feierlichkeit, sondern erinnert uns an unsere Berufung: Licht zu sein, Wärme zu spenden im Sich-Verbrennen.
Wir kennen die Wirkungen von Feuer und Licht, aber ihr Wesen bleibt ein Geheimnis. So weist das „Ewige Licht“ auf die geheimnisvolle Anwesenheit Christi im eucharistischen Brot hin, ist Zeichen seiner besonderen Gegenwart.

Das Feuer ist ein befreiendes, verklärendes Element, das in den verschiedenen Religionen bei der Darbringung von Opfern Bedeutung hatte und hat. In der christlichen Liturgie gibt es das Opferfeuer in Gestalt des Weihrauchs, auf dessen Sinn an anderer Stelle noch ausführlicher eingegangen wird. Seine Zeichenhaftigkeit hat G. Gezelle so in Worte gefaßt:

„O Weihrauchkorn,
Versteinter Born,
Du Trän aus Lerch- und Zedernstamme,
Gebetes Bild,
Drin Feuer spielt
Und Funkeln von des Herzens Flamme!

Kein Gabe Gold,
Kein Myrrhen-Sold
Kann meine Hand dem Herrn erbeuten;
Doch Weihrauch mag
Ihm alletag
Und allerorten Dank bedeuten.

O Weihrauch-Gran
Im Feuer vertan

Und Rauch aus mitten Herzens Nöten;
Ein irdisch Grau
Wird himmlisch Blau –
Geh, Weihrauchkorn, den Herrn anbeten!"

Asche ist die durch das Feuer gereinigte materielle Substanz; Asche bleibt zurück von allem, was das Opferfeuer verzehrt hat. Asche ruft uns auch ins Bewußtsein, daß Stoffliches einem ständigen Wandel unterliegt; daß es in den verschiedensten Erscheinungsformen entsteht, aber nach kurzer Zeit wieder in seine Grundstoffe zerfällt. „Bedenke, Mensch, daß du Staub bist und wieder zum Staub zurückkehren wirst", spricht der Priester am Aschermittwoch bei der Austeilung der zuvor aus den gesegneten Palmzweigen des Vorjahres bereiteten Asche. Als Zeichen der Bußbereitschaft, des Willens zur Umkehr, wird das Aschenkreuz empfangen, aber auch als Zeichen der Einstimmung in die Schöpfungsordnung, in der das Vergängliche immer wieder absterben muß, damit sich das Leben erneuern kann.

Darüber hinaus sollen wir uns jedoch daran erinnern, daß am Ende der mit dem Aschermittwoch eingeleiteten Bußzeit das Osterfest steht: die Asche ist für den Christen nicht nur Zeichen der Vergänglichkeit und Trauer, sondern weist ihn darauf hin, daß das Absterben des Vergänglichen nur ein Übergang in das unvergängliche Leben ist; sie ist zugleich Sinnbild der Läuterung und Auferstehung: „Einst soll . . . die ganze Welt durch Feuer gereinigt werden, doch aus der durch Feuer gereinigten Erde – also aus ihrer Asche – soll der neue Himmel und die neue Erde erstehen. Die Asche ist demnach das Letzte: der unverbrennbare Bestandteil der Erde. Und sie ist das Erste: da sie als reiner Erdenstoff wieder in die Erde übergeht und mit ihrem reinen Stoff die Erde durchsetzt und neues Leben gebiert. So ist sie dem Büßer das Letzte: Tod und Vergänglichkeit, und sie ist ihm das Erste: die erste Stufe unter seinem zur Unvergänglichkeit ansteigenden Schritt."[31]

Durch die Fenster fällt das Licht in die Kirchen ein. Die religiöse Bedeutung des Sonnenlichts ist wesentlich für den Kirchenbau. Gelingt es, die Symbolkraft der Sonne durch die Gestaltung der Fenster zur Geltung zu bringen, so ist eine wesentliche Voraussetzung dafür geschaffen, daß die Kirche als Stätte besonderer Gottesnähe empfunden wird. Die Farben der Fenster, die durch sie erreichte Lichtführung, ihre farbliche und formale Gestaltung kann den Kirchenbesucher ahnen lassen, was Transzendenz bedeutet. Es eröffnen sich ihm neue Dimensionen; er wird dem Alltäglichen enthoben; das Leben wird für ihn feierlich, festlich und damit lebens-wert, weil er angesichts des einbrechenden Lichts die Vorahnung einer erhabeneren Wirklichkeit bekommt:

> „Die Fenster singen auch,
> singen Teppiche
> vor den Festtisch
> aus Glut und Farbläufen
> überall hin,
> und die Fenster tanzen sich selbst
> herunter
> rund um den Festtisch.
>
> Sie singen sich aus
> und tanzen sich
> über die Klinkerdielen hin.
> Die Fenster freuen sich auch.
>
> Fensterlichtfest
> über die Mauern,
> über die Bankreihen hin
> steht es still.

Laß es stehen.
Laß das Farblichterfest stehen
wortlos
um uns.

Es ist ein tausendfacher Keim
des Lobsingens
ohne ein Wort."

Silja Walter

Brot und Wein

Wer kann je Weizen sehn
Und nicht dran denken,
Wie edle Speis es ist,
Und nicht dran denken!

Und Wein, wer kann ihn sehn
Und nicht dran denken,
Wie edler Trank es ist,
Und nicht dran denken!

Und wer kann sein ein Christ
Und nicht dran denken,
Daß Christum selbst er trinkt und ißt,
Und nicht dran denken!

Guido Gezelle

Brot und Wein sind Urelemente menschlicher Nahrung: „Die Doppelung der Nahrung in Eßbares und Trinkbares entspricht der Doppelung der stofflichen Welt in Festes und Flüssiges. Dem entspricht im kosmischen Bereich die Vorstellung von Himmelskörpern und Himmelswassern. Dem entspricht im tellurischen die Scheidung von Erde und Meer."[32] Brot und Wein sind nicht nur Naturprodukte, sondern Kulturgüter, „die Frucht der Erde und der menschlichen Arbeit", wie es im Gebet zur Gabenbereitung bei der Eucharistiefeier heißt. Der Mensch bringt diesen Gaben besondere Ehrfurcht entgegen, nicht nur, weil sie das Ergebnis seiner Erfahrung, Mühe und Arbeit sind, sondern auch, weil die Kraft der Sonne und des Ackerbodens in sie eingegangen ist: Ähre und Weintraube sind Zeichen für alle Lebens-Mittel, die aus dem Zusammenwirken von Erde, Wasser und Luft durch die belebende Kraft von Wärme und Licht entstehen.

Brot des Lebens

Brot ist ein Symbol der mütterlichen Erde, die dem Menschen das Lebensnotwendigste, sein „tägliches Brot" gibt. Unsere Abhängigkeit vom nährenden Brot macht es verständlich, daß es in vielen Völkern und Religionen als mystische Speise verstanden wird: es ist das Grundnahrungsmittel, das unsere leibliche Existenz sichert.
Für den Christen wurde das Brot zum Zeichen für die Auferstehung und das ewige Leben. Das Werden, Vergehen und Auferstehen hat Christus im Gleichnis vom Samenkorn, das in den Boden fällt und abstirbt, um Frucht zu bringen, anschaulich gemacht: aus dem absterbenden einen Korn entsteht die Ähre, das Vielfache, die Fülle. Christus

selbst ist das Weizenkorn. Er ging durch die Dunkelheit des Todes um der Ernte willen; er nahm diesen Tod auf sich, damit alle, die sich von seinem Geist erfüllen lassen, das unvergängliche Leben gewinnen: „Für uns wurde er zur Weihegabe an den Vater, nach Art einer Garbe, ein Erstlingsopfer von der Erde, die ihn als Zeugnis ihrer Segensfülle hervorbrachte. Ein einziger zwar ist Jesus Christus, und doch ist Er im Sinnbild der Garbe gedanklich und wirklich einer aus vielen, da Er alle Gläubigen zu einer mystischen Einheit in sich faßt." (Cyrill von Alexandrien) Christus, der Gottmensch, der sein Leben hingab für die verlorene Menschheit, wurde für uns zum Brot des Lebens: im eucharistischen Brot schenkt er selbst sich uns und schafft so Gemeinschaft aller, die an ihn, an die Erlösung durch ihn und das unvergängliche Leben glauben und versuchen, aus diesem Glauben zu leben.
Schon in den Opferriten des Alten Bundes kam dem Brot besondere Bedeutung zu. Die zwölf Schaubrote, die in der Stiftshütte wie im Tempel immer vor dem Allerheiligsten des Herrn lagen und an jedem Sabbat erneuert werden mußten, galten als Brot des Lebens, als Brot jenes Lebens, das Gott allen gibt, mit denen er seinen Bund geschlossen hat. Man kann darum in diesen Opfergaben ein Vorbild der Eucharistie sehen, bei der Gottes Sohn selbst im Brot gegenwärtig ist und jeder, der die Kommunion empfängt, Anteil an seinem unvergänglichen Leben gewinnt.
Das eucharistische Brot schafft nicht nur Gemeinschaft, sondern verpflichtet auch zu ihr. Es erinnert uns daran, daß jeder von uns auf diese Gabe angewiesen ist, daß wir – weil wir Verantwortung füreinander tragen – das unsere irdische Existenz erhaltende und das Leben in Fülle verheißende Brot miteinander teilen müssen: „In diesem Brot wird euch ans Herz gelegt, wie sehr ihr die Einheit lieben müßt. Ist

denn jenes Brot aus einem Korn gemacht? Waren es nicht vielmehr viele Weizenkörner? Erinnert euch daran, wie diese Kreatur vorher auf dem Acker stand, wie es die Erde gezeugt, der Regen es getränkt hat und zur Ähre wachsen ließ; wie dann die menschliche Arbeit es in die Scheune gesammelt, gedroschen, geworfelt, bewahrt, geliefert, gemahlen, zu Teig vermengt, gebacken und alsbald zu Brot verarbeitet hat; denn wäre der Weizen nicht gemahlen und mit Wasser vermengt worden, so käme es nie zu der Form, die Brot genannt wird." (Augustinus) Das Brot ist also auch ein Zeichen unseres Aufeinander-Angewiesenseins.

Wir haben durch den technisch-wissenschaftlichen Fortschritt verlernt, im Brot eine Gabe zu sehen, die von Gott kommt. Für die meisten ist Brot ein Produkt wie jedes andere, das durch menschliche Leistung erzeugt wird und bei entsprechender Planung, vernünftigen Anbaumethoden und funktionierenden Verkehrsmitteln zu jeder Zeit und in ausreichender Menge zumindest in unserer westlichen Welt jedem zur Verfügung steht. Wie viele haben schon vergessen, welche Kostbarkeit ein Stück unverfälschtes Brot noch vor wenigen Jahrzehnten war. Weil die Zeit des Mangels so schnell in Vergessenheit geriet, weiß man das Brot nicht mehr angemessen zu schätzen und bedenkt zu wenig, daß nicht alle Menschen auf dieser Erde im Überfluß leben und daß es noch keineswegs gelungen ist, Brot für alle zu schaffen. Und sollten wir uns nicht immer neu ins Bewußtsein rufen, daß der Mensch, ungeachtet aller bereits gemachten und fraglos noch zu erwartenden technisch-wissenschaftlichen Fortschritte, aus der Natur nur das herausholen kann, was der Schöpfer in sie hineingelegt hat? Verpflichtet dieses Wissen nicht zur Dankbarkeit?

Brot als Nahrung für den Leib und als geistige Nahrung: der Mensch braucht beides, um leben zu können. In vergangener Zeit machte man das Kreuzzeichen über das Brot, bevor man es anschnitt, und brachte so das „tägliche Brot“ in Verbindung mit dem „Brot für das ewige Leben“, auf das es hinweist.

Trank des Lebens

In manchen Gegenden gehört der Wein wie das Brot zur alltäglichen Kost. In den meisten aber ist er ein Element des festlichen Mahles. So war es auch in Israel. Während Wasser und Brot zum Lebensnotwendigen gehören, zu dem, was der Mensch unabdingbar zur Erhaltung seiner Gesundheit braucht, steigert Wein das Leben und gibt ihm Festlichkeit. Denn er intensiviert das Lebensgefühl, schafft der Phantasie Raum, baut Schranken ab und erweitert so den gewohnten Horizont des Alltags. Wein schenkt Sinnenfreude und befreit von Erdenschwere. Wer aber beim Weintrinken nicht maßhalten kann und in Rausch gerät, erleidet Schaden; indem er die Verfügungsgewalt über sich selbst verliert, verliert er an menschlicher Würde. Wein hat also eine zwiespältige Wirkung: Dionysos, der griechische Gott des Weins und der Fruchtbarkeit, war ebenso Gott höchster sinnlicher Daseinsfreude und verfeinerter Kultur wie auch der Gott des hemmungslosen und damit selbstzerstörerischen Sich-Auslebens. Die lebenssteigernde, lebensintensivierende Wirkung des Weins erfährt nur, wer sich und seine Grenzen kennt und sie nicht überschreitet.

Der Genuß von Wein kann einen Vorgeschmack von dem vermitteln, was Leben in Fülle bedeutet. Darum galt schon im alten Orient der Weinstock als Symbol der Unsterblichkeit und des unvergänglichen Lebens. Die Zeichenhaftigkeit des Weinstocks und seiner Frucht spielt in den Schriften des Alten und des Neuen Testamentes eine bedeutsame Rolle. Nicht nur der sorgsam gepflegte und gehütete Weinberg war ein Sinnbild des auserwählten Volkes, das Gottes Zuwendung und Fürsorge sicher sein konnte; auch der Weinstock galt schon im Alten Bund als Symbol dieses Volkes, aus dem nach der Verheißung der Messias hervorgehen sollte. In den Klagen über die Zerstörungen des Weinstocks wird die Klage über die Zerstörung der Zukunftshoffnung laut. Denn als Mensch ist der Erlöser Sproß seines Stammes, als Gottmensch Wurzel und Stamm der erlösten Menschheit, die mit ihm in lebensvoller, organischer Einheit verbunden ist: „Ich bin der wahre Weinstock und mein Vater ist der Winzer. Jeden Zweig an mir, der keine Frucht trägt, nimmt er weg; und jeden, der Frucht trägt, reinigt er, daß er mehr Frucht trage. Wie der Zweig nicht Frucht bringen kann aus eigener Kraft, er bleibe denn im Weinstock, so auch ihr nicht, wenn ihr nicht in mir bleibt" (Joh 15, 1 f 4), sagte Jesus in seinen Abschiedsreden und wies so im Bild des Weinstocks darauf hin, daß nur der ihm verbundene Mensch so schaffen und wirken kann, daß sein Dasein vor Gott einen Wert hat.

Schon früh galt der Wein als Symbol des menschlichen Blutes. Er wird in der Schrift zum Urbild des für die in Schuld verstrickte Menschheit vergossenen Blutes des Erlösers. „Er wäscht im Wein sein Gewand, sein Kleid im Blute der Reben", lauten die prophetischen Worte in der Genesis (Gen 49, 11). In der mittelalterlichen christlichen Kunst wird Christus als Keltertreter dargestellt, der die Trauben im Keltertrog stampft, aber selber vom Kelterbalken niedergepreßt wird und sein Blut vergießen muß. Die Kelter wir hier zum Symbol des Kreuzes, das zugleich Folterinstrument und Siegeszeichen ist. Die Kelter schafft aber auch Einheit, „den Wein, der aus vielen Trauben gewonnen ist“ (Gabengebet zu Fronleichnam). Augustinus sagt dazu: „Viele Beeren hängen an der Traube, doch ihr Saft fließt in eins zusammen. Damit hat Christus, der Herr, uns versinnbildet. Er wollte, daß wir mit Ihm verbunden seien. Er hat das Mysterium unsrer Einmütigkeit und Einheit bei Seinem Abendmahl konsekriert.“

Der Wein als Symbol des den lebendigen Menschen durchströmenden Blutes gilt als lebenspendend und lebenerhaltend; er durchdringt und wirkt reinigend. Das Blut Christi in der Gestalt des Weines durchdringt den Gläubigen mit dem Geist des Herrn. In der Stunde des Abschieds sprach Jesus: „Von jetzt an werde ich nicht mehr von dieser Frucht des Weinstocks trinken bis zu dem Tag, an dem ich von neuem mit euch davon trinken werde im Reich meines Vaters.“ (Mt 26, 29) Diese Worte sind ein Hinweis auf die Einheit der Erlösten mit Christus im ewigen Leben; sie weisen aber auch auf die Vorwegnahme des himmlischen Hochzeitsmahles in der eucharistischen Feier der Kirche hin, in der uns der „Festwein des Geistes“ zuteil wird:

„Du wolltest in jener Nacht
keinen Wein mehr
trinken,
Herr.

‚Später‘,
hast du gesagt.
‚Erst wieder im Reich
meines Vaters.‘

Aber heute,
was ist denn heute,
Herr,
was ist denn hier?
Ist heute nicht neuer,

ewiger Tag,
nicht ‚Reich deines Vaters im
Kommen‘?

Hier in dem Wein?
In dem Kelch da
voll heiligem Geist?

Ihn trinken, macht trunken
von ihm.
In ihm ist Feuer
und glühende Nüchternheit,
die auslaugt und
klärt,
stark macht und wahr.

Herr,
trinkst du mit uns diesen
Wein jetzt?
Er brennt uns aus mit
reinstem Himmel.“

Silja Walter

Opfergabe und Verheißung

Brot und Wein sind Opfergaben: „Beide sind durch ein Purgatorio gegangen: die Körner wurden zermahlen, die Trauben zerpreßt. Beide entstammen aus den Kräften von Erde und Sonne, in beiden steckt menschliche Mühsal und Arbeit.“ [33] In beiden wirkt eine geheimnisvolle Kraft, die das Leben des Menschen ermöglicht und erhält. Im konsekrierten Brot und im konsekrierten Wein teilt sich Gott in Christus selbst dem Menschen mit, wird ihm zu Speise und Trank, die das unvergängliche Leben aufbauen und erhalten. Brot und Wein sind hier Leib und Blut des Herrn, in denen er sich Gott hingibt und an den Menschen verschenkt: höchste Opfergabe. Die Teilnahme an diesem Mahl ist eine Antwort, in der sich die Bereitschaft ausdrückt, sich selbst und das eigene Leben darzubringen und sich zu öffnen für das Wirken des Geistes Jesu Christi, der sich uns in den eucharistischen Gaben mitteilt.

Erst wenn die ganze Schöpfung von diesem Geist erfüllt und durchdrungen ist, kommt die Verheißung zur Vollendung: „Siehe, es werden Tage kommen, spricht Jahwe, da folgt dem Pflügenden der Schnitter, und der die Kelter tritt, dem Sämann, da träufeln die Berge von Most, und alle Hügel fließen über. Dann wende ich das Geschick meines Volkes Israel, und sie werden die zerstörten Städte wieder aufbauen und darin wohnen und Weinberge pflanzen und ihren Wein trinken und Gärten anlegen und deren Früchte essen. Und ich pflanze sie ein in ihrem Boden, und sie sollen nicht mehr ausgerissen werden aus dem Boden, den ich ihnen gegeben habe, spricht Jahwe, dein Gott.“ (Am 9, 13–15)

Duftendes Öl und Räucherwerk

Der Duft der göttlichen Salben ist keine Empfindung des Geruchsinnes, sondern einer . . . unmateriellen Fähigkeit, die mit dem geistigen Atemzug den Wohlduft Christi aufnimmt.

Gregor von Nyssa

Hauch aus Gottes Kraft

Um die zeichenhafte Bedeutung der Wohlgerüche verstehen zu können, muß man wissen, welche Rolle die pflanzlichen Duftsubstanzen im privaten und kultischen Leben des alten Orients spielten. Sowohl in flüssiger Form wie auch als Räucherwerk fanden sie reiche Verwendung. Die verschiedenen Pflanzen, Hölzer und Essenzen waren von vielfältiger Symbolik. Mit Wohlgeruch wird schon in den Schriften des Alten Bundes jene subtile geistige Mitteilung bezeichnet, die nur mit den inneren Sinnen aufgenommen werden kann. Göttliche Weisheit und Fülle wird uns im sich entfaltenden Wohlgeruch vermittelt; er gilt als ein „Hauch aus der Kraft Gottes“ (Weish 7, 25).
Die flüchtigen Duftsubstanzen sind also ein Bild für das Eindringen einer überirdischen Welt in die irdische, oder anders gesagt: für das Wirken des Geistes in allem, was aus ihm geschaffen und von ihm getragen ist. So wird der Mensch, der sich ihm öffnet, der Kraft Gottes teilhaftig.
Auch die Kirchenväter sprachen symbolisch von den Duftsubstanzen: „Unter Wohlgerüchen verstehen wir die Tugenden, nämlich Weisheit, Mäßigkeit, Starkmut, Klugheit und ähnliche. Mit solchen, je nach Fähigkeit und Möglichkeit geschmückt, trägt jeder nach seiner Weise den Wohlduft an sich . . . Und doch ist dies alles nichts im Vergleich zur absoluten und wesenhaften Vollkommenheit, die alles in sich selbst enthält.“ (Gregor von Nyssa)
Bereits der Apostel Paulus wies auf den „Duft“ der Erkenntnis Christi hin und brachte die Verbundenheit seiner Anhänger mit dem Herrn selbst so zum Ausdruck: „Denn Christi Wohlgeruch sind wir für Gott unter denen, die gerettet werden, und unter denen, die verlorengehen, den einen ein Geruch des Todes, der den Tod bringt, den ande-

ren ein Geruch des Lebens, der das Leben bringt." (2 Kor 2, 15f) Der Wohlgeruch wird hier einerseits als ein Symbol der Gottheit Christi verstanden, andererseits auch als ein Kennzeichen jener, die seinen Geist in sich aufgenommen haben und versuchen, anderen den Weg zum Glauben zu erschließen: „Christi Wohlgeruch sein ist also ein Apostolat, ist das lebendige Beispiel, ist ‚Ruf der Heiligkeit'."[34]

Balsam und Narde

Die Bezeichnung „Balsam" leitet sich von dem hebräischen Wort „Basam" ab, das seiner Wurzel nach „wohltuend, angenehm" bedeutet. Die ersten Schößlinge des Balsamodendrons, aus dessen aromatischen Saft die balsamische Duftsubstanz gewonnen wird, sollen durch die Königin von Saba nach Palästina gebracht worden sein, wo sie in den Gärten Salomos zu Jericho und Engaddi angepflanzt und weiterkultiviert wurden. Balsam galt in der Medizin als besonders wirksames Heilmittel und schon beim Propheten Jeremia finden wir die Frage: „Gibt es denn keinen Balsam in Gilead", mit der er die für sein Volk ausbleibende Hilfe beklagt (Jer 8, 22). An zahlreichen Stellen der Heiligen Schrift ist Balsam unter den Spezereien genannt. So nahmen die Söhne Jakobs Balsam mit als Geschenk nach Ägypten, als die Hungersnot sie zwang, dort Getreide zu kaufen (Gen 43, 11). So berichtet der Prophet Ezechiel, daß die Israeliten im Handel mit anderen Völkern Balsam zum Tausch brachten (Ez 27, 17). Balsam wird unter den Wohldüften genannt, die ein Bild der göttlichen Weisheit sind.

Da der Saft des Balsams in nur geringen Mengen aus der Rinde der Pflanze austritt, macht man zur Vergrößerung des Ertrags Einschnitte in das Holz. In dieser Art der Balsamgewinnung sah der hl. Ambrosius ein Sinnbild der Gnade Jesu Christi, die sich mit seinem Blut aus den Leidensmalen ergoß.

Unter den Ingredienzen des Chrisams, mit dem die Kirche die sakramentalen Salbungen vollzieht, kommt dem Balsam mit seinem kräftigen und herben Duft besondere Bedeutung zu. Für die Chrisamweihe am Gründonnerstag, die durch den Bischof vollzogen wird, wurde ein eigenes Weihegebet verfaßt: „O Gott, du Urheber der himmlischen Geheimnisse und aller Kräfte, erhöre, wir bitten dich, unsere Gebete und mache diese duftende, aus trockener Rinde hervorquellende Träne, den Saft eines begnadeten Zweiges, der uns mit priesterlicher Salbung bereichert, für deine Geheimnisse tauglich, und heilige ihn durch die Spendung deines Segens." Nur echter arabischer, palästinensischer oder indischer Balsam findet in der kirchlichen Liturgie Verwendung: die Kostbarkeit erhöht die Zeichenhaftigkeit.

Die Narde gehört zu den Baldriangewächsen. Sie ist in Indien heimisch. Das Duftöl der Narde wird aus den Wurzeln und dem untersten, behaarten Teil der Pflanze gewonnen. Auch die Narde wurde schon in der Antike zur Bereitung von Essenzen verwendet, die man für überaus kostbare Salben und Salböle gebrauchte. Mit echtem Nardenöl salbte Maria die Füße Jesu und trocknete sie mit ihren Haaren (Joh 12, 3). Der Duft des Salböls, der das ganze Haus erfüllte, war ein Zeichen ihrer Liebe, mit der sie den Herrn umgeben wollte. Hier wird die Narde zum Symbol fragloser, verschwenderischer Hingabe. Diese vorbehaltlose Hingabe drückt sich auch in einer alten Oration aus, die in Benediktinerklöstern nach der bei der Aufnahme ins Noviziat üblichen Fußwaschung gebetet wird: „Erlöser der Welt, laß duften unser Gebet, so wie das echte Nardenöl,

das Maria über deine hochheiligen Füße ergoß, damit dieses Haus ganz von Liebe erfüllt sei und wir im Herzen jenen Frieden erlangen, der Maria zuteil wurde, als sie ihres Heilands Füße küßte."
Geheimnisvolle Hinweise auf die Kirche finden wir im Hohenlied; sie gibt sich als Braut allein dem Herrn hin. Von ihr heißt es: „Deine Triebe sind ein Garten von Granatbäumen mit den köstlichsten Früchten: Narde und Krokus, Kalmus und Zimt, mit allen Weihrauchhölzern, Myrrhe und Aloe samt all den besten Balsamen." (Hld 4, 13f) Die bewundernde und hingebungsvolle Liebe des Bräutigams zu der von ihm erwählten Braut wird in diesem Bild zum Ausdruck gebracht; das Fluidum der Liebenden ist im Bild der Duftpflanzen eingefangen.

Myrrhe und Aloe

Aus der Rinde eines Baumes, der zu den Balsamgewächsen gehört, tritt ein duftender Saft von bitterem Geschmack, der getrocknet auch als Räucherwerk Verwendung findet: die Myrrhe. Myrrhentinktur wurde bereits in der antiken Kosmetik verwendet: „Wenn nun ein jedes Mädchen an die Reihe kam, zum König Achaschwerosch zu gehen, nachdem es entsprechend den Vorschriften für die Frauen zwölf Monate lang behandelt worden war – denn so lange dauerten die Tage ihrer Schönheitspflege, sechs Monate mit Myrrhenöl und sechs Monate mit Balsam und weiblichen Schönheitsmitteln –, dann ging das Mädchen so zum König, und alles, was es begehrte, wurde ihm vom Frauenhause in den Königspalast mitgegeben", wird uns im Alten Testament berichtet (Est 2, 12f). „Duft von Myrrhe und Aloe strömt aus allen deinen Gewändern“, heißt es im Psalm (44, 9). Mit Myrrhe besprengte man die Gewänder und Lagerstätten; getrocknete Myrrhe trug man in Duftkissen unter der Kleidung. Das nach Vorschriften des mosaischen Gesetzes bereitete Salböl enthielt als wesentlichen Bestandteil Myrrhe.

Ihre besondere Symbolik beruht auf dem Zusammenklang von Wohlgeruch und Bitterkeit: „Die Exegeten bringen sie daher immer in Beziehung zur menschlichen Natur oder zum Tode Christi, angedeutet durch die Myrrhe der Magier (Mt 2, 11), durch den Myrrhenberg (Golgotha) des Hohenliedes (4, 6), durch das Myrrhenbüschlein am Busen der Braut (Hld 1, 13), das ihr ständiges Gedenken an das Leiden Christi versinnbildet. Sie birgt es an ihrem Herzen, um daraus Kraft zu schöpfen zur Übung der Entsagung und Aszese, ja zum Erleiden von Verfolgung und Martyrium. Abtötung bewahrt die Seele vor der Fäulnis des Lasters, wie die Myrrhe den Leichnam vor der Verwesung schützt.“[35]

Myrrhe wurde auch als Betäubungsmittel verwendet: „Sie gaben ihm mit Myrrhe gewürzten Wein, aber er nahm ihn nicht“, berichtet der Evangelist über die Kreuzigung des Herrn (Mk 15, 23).

Die Bedeutung der Aloe ist der der Myrrhe verwandt. Aloe gilt als Sinnbild der Buße und Enthaltsamkeit, vor allem aber, wie Gregor von Nyssa ausführt, als Zeichen des Mitbegrabenseins mit Christus. Die Aloe, von der die Heilige Schrift spricht, ist ein orientalischer Baum, aus dessen faulenden Teilen ein wohlriechendes, bitterschmeckendes Öl in nur geringen Mengen gewonnen werden kann. Man mischte es darum zumeist mit Myrrhe oder anderen Duftstoffen: Aloe und Myrrhe werden in den Schriften des Alten und des Neuen Bundes häufig zusammen genannt.

Öl der Oliven

Aus dem Öl der Oliven wird unter dem Zusatz von Duftstoffen das Salböl gewonnen, das in der heidnischen wie in der christlichen Welt von besonderer symbolischer Bedeutung ist. Der Olivenbaum ist ungemein widerstandsfähig; er wird oft viele hundert Jahre alt. Seine silbergrünen Blätter fallen nicht ab; er gehört zu den immer belaubten Gewächsen. In jedem zweiten Jahr trägt er reiche Frucht. Sowohl das Fleisch der Oliven wie das aus ihren Kernen gepreßte Öl sind für die Völker der Mittelmeerländer und des Orients lebenswichtige Güter. Olivenöl nährt, heilt, stärkt und macht – als Massageöl verwendet – geschmeidig; es pflegt und schützt die Haut und diente in der Antike als Brennstoff für Lampen.

Bei so reichen Verwendungsmöglichkeiten lag es nahe, dem Olivenbaum, seinen Blättern und seinem Öl schon in früher Zeit Symbolcharakter zu geben. In der heidnischen Welt schrieb man dem Öl übernatürliche Wirkung zu; mit ihm salbte man Könige und andere Würdenträger, um ihnen die Kraft und den Segen der Gottheit zu vermitteln. Bereits den heidnischen Griechen war der Ölbaum heilig. Da sein Öl Licht spendete, war er Athene, der Göttin geistiger Klarheit, geweiht. Schon hier galt er als Symbol des Friedens und der Versöhnung: Friedensboten und Priester trugen Ölzweige; man gab sie den Toten mit in ihre letzte Ruhestätte und bettete sie auf Olivenblättern, um die Götter der Unterwelt zu versöhnen und gnädig zu stimmen. Kränze aus Olivenzweigen zeichneten die Sieger der olympischen Spiele aus.

Auch in der Geschichte des Alten Bundes galt der Ölzweig als Symbol des Friedens: die von Noach ausgesandte Taube brachte ihm das frische Blatt eines Ölbaums als Zeichen für die Beendigung des göttlichen Strafgerichts (Gen 8, 11): „Gott zürnte nicht mehr. Er ließ auf Erden wieder den Friedensbaum sprossen, der den Menschen seit ihrer Erschaffung so vielseitigen Nutzen bringt und der am Ende der Zeiten durch die Geistestaube den Erlösten die ‚spiritalis unctio', die Salbung Christi, vermitteln sollte."[36] Neben Wein und Weizen gilt den Israeliten der Olivenbaum als Zeichen der Fruchtbarkeit und Segensfülle: „Wie ein prächtiger Ölbaum in der Ebene und wie eine Platane am Wasser wuchs ich empor", heißt es in der „Rede der Weisheit" (Sir 24, 14), und der Prophet Jeremia vergleicht das auserwählte Volk Gottes einem „frischgrünen Ölbaum, von schönem Wuchs" (Jer 11, 16). Schon im Alten Bund wurde das Olivenöl für liturgische Zwecke verwendet. Man salbte mit ihm die Könige, Propheten und Hohenpriester, aber auch die dem Gottesdienst geweihten Geräte.

In der Liturgie der Kirche kommt dem geweihten Öl große Bedeutung zu. Bei der Taufe und der Firmung, bei Priesterweihe und Krankensalbung wird Öl verwendet, ebenso bei bestimmten Weihen: „Strömt eine solche Segensfülle nicht aus der Todesangst Christi im Ölgarten, wo die Blut- und Schweißtropfen des Erlösers auf die Wurzeln der Olivenbäume niederträufelten und in diesen Zeugen seines Ringens alle Oliven heiligten?"[37] Dieser Gedanke drückt den besonderen christlichen Sinngehalt des symbolträchtigen Baumes und seiner Früchte aus. Was das Katechumenenöl für das Leben des Christen beinhaltet, wird in dem Gebet zum Ausdruck gebracht, das der Priester in der Orthodoxen Liturgie bei der Weihe des Öls spricht:

„Gebieter, Herr, Gott unserer Väter, der Du denen in der Arche Noachs eine Taube, die einen Ölzweig im Schnabel hatte, als Sinnbild der Versöhnung und Errettung von der Sintflut gesandt und durch sie das Mysterium der Gnade vorgebildet hast; Du, der Du die Frucht des Ölbaums zur Erfüllung Deiner heiligen Mysterien hinzugegeben hat; Du, der Du durch diese Frucht auch jene, die unter dem Gesetze waren, mit dem Heiligen Geist erfüllt hast und jene, die unter der Gnade sind, vollkommen machst: Segne Du selbst auch dieses Öl mit der Kraft und Wirksamkeit und dem Überkommen Deines Heiligen Geistes, damit es werde zur Salbe der Unverweslichkeit, zur Waffe der Gerechtigkeit, zur Erneuerung der Seele und des Leibes, zur Abwehr jeder teuflischen Einwirkung, zur Befreiung von allen Übeln für die, welche sich im Glauben damit salben oder auch von ihm kosten, zu Deiner Ehre, und zur Ehre Deines einziggeborenen Sohnes, und Deines allheiligen und guten und lebendigmachenden Geistes, jetzt und immerdar, und in die Äonen der Äonen."

In der Kirche ist es seit dem dritten Jahrhundert Brauch, den Täufling mit Chrisam zu salben und so auf das „königliche Priestertum" des Getauften hinzuweisen, das bedeutet: auf seine enge Gemeinschaft mit dem Herrn und mit allen, die an ihn glauben. Das Chrisam ist ein geweihtes, aus Olivenöl und Balsam gemischtes Salböl, durch das auch bei der Firmung zeichenhaft die Gnadenfülle des Heiligen Geistes vermittelt wird. Durch die Salbung der Hände wird bei der Bischofs- und Priesterweihe den Berufenen die Vollmacht verliehen, zu segnen und zu weihen. Dem schwerkranken Christen soll die Salbung Hilfe zur Bewältigung seiner Situation bringen; sie wird ihm zum Zeichen der Gnade Gottes, der er sich anvertrauen darf.

Die geheimnisvolle Wirksamkeit der duftenden Öle, die jeder nach seiner Fassungskraft erfährt, hat Pseudo-Dionysius so beschrieben: „Die symbolische Zusammensetzung der heiligen Öle gibt gleichsam dem Unfaßbaren Gestalt und zeigt Jesus als die im Zeichen gemeinte Quelle des göttlichen Wohlgeruches. Er selbst verströmt über die geistigen Wesen, welche die größte Gottähnlichkeit erlangt haben, nach göttlichem Maß die überaus göttlichen Düfte, welche die Herzen entzücken und befähigen, die heiligen Gaben zu empfangen und sich an geistiger Nahrung zu erquicken. Jeder empfängt die duftenden Ausströmungen gemäß dem Anteil, den er an den göttlichen Mysterien hat."

Weihrauch

Echter Weihrauch entsteht durch das Verbrennen eines Harzes, das aus der Rinde von Boswelliabäumen austritt. Vor allem Saba in Arabien, Abessinien und Indien erzeugten in früher Zeit dieses Harz. Später kamen die Ägypter durch Handel und den Anbau von Boswelliabäumen in den Besitz von echtem Weihrauch, den sie mit anderen Substanzen zu verschiedenartigem Rauchwerk mischten. In Ägypten lernten auch die Israeliten die Kunst, Räucherwerk in den verschiedenen Zusammensetzungen zu bereiten. Das Verbrennen aromatischer Substanzen beschränkte sich in alter Zeit nicht auf den kultischen Bereich. Ägypter, Römer und Griechen schätzten den Duft in ihren Wohnungen und an ihren Kleidern. Durch Räucherwerk ehrten sie ihre Herrscher und Toten. Im Kult verwendet man es nicht nur, um den Göttern zu huldigen, sondern auch, um die Verbindung mit ihnen herzustellen. Weihrauchduft sollte die Teilnehmer einer kultischen Feier über den Alltag erheben, ihnen Feststimmung vermitteln, denn das Aufsteigen und Sich-Verbreiten des Rauches war ein Bild für die Gegenwart der Gottheit. Über allem aber stand der Opfergedanke: durch das Verbrennen von Räucherwerk hoffte man, die Götter den Menschen geneigt zu machen; man brachte ihnen Wohlgeruch dar und erhoffte dafür ihr Wohlwollen.
Zum rein sakralen Symbol wurde der Weihrauch im kulti-

schen Leben der Israeliten. Im mosaischen Gesetz finden sich zahlreiche Vorschriften über seine Verwendung. Unblutige Opfergaben mußten mit Weihrauch bestreut werden, der ein Bild des die Gabe begleitenden, zum Himmel aufsteigenden Gebets war. Vor dem Vorhang des Allerheiligsten stand der Rauchopferaltar, auf dem Räucherwerk nach genau vorgeschriebener Mischung verbrannt wurde: „Weiter sprach Jahwe zu Mose: ‚Nimm dir Spezereien, nämlich Stakte, Räucherklaue, Galbanum, Gewürzkräuter und reinen Weihrauch, alles zu gleichen Teilen, und bereite daraus Räucherwerk, eine würzige Mischung, wie sie der Salbenmischer herstellt, mit Salz vermengt, rein, zu heiligem Gebrauch. Zerstoße einen Teil davon ganz fein und lege davon etwas vor das Zeugnis im Offenbarungszelt, wo ich dir begegnen werde, als hochheilig soll es euch gelten. Das Räucherwerk, das du bereiten sollst – in gleicher Mischung dürft ihr euch kein andres herstellen –, soll dir als heilig für Jahwe gelten." (Ex 30, 34–37) Dieses Räucherwerk mußte der diensthabende Priester als Symbol der Anbetung jeden Morgen und jeden Abend auf dem Räucheraltar darbringen. Das Rauchopfer galt auch als Bitte um Versöhnung, etwa wenn der Hohepriester das Allerheiligste des Tempels betrat; Rauchwolken sollten dann die Bundeslade seinen Blicken entziehen und ihm zugleich Vergebung bewirken, weil niemand den Thron des Allerhöchsten erblicken durfte.

In den Weisheitsbüchern und im Hohenlied ist der Weihrauch ein Symbol der Gottesverehrung und in diesem Sinn wird auch an anderen Stellen der Heiligen Schrift von ihm gesprochen. „Da fielen die vier Wesen und die vierundzwanzig Ältesten vor dem Lamme nieder. Ein jeder hatte eine Harfe und goldene Schalen voll Weihrauch; das sind die Gebete der Heiligen", heißt es in der Offenbarung des

Johannes, und weiter: „Und ein anderer Engel kam und trat an den Altar mit einem goldenen Rauchfaß, und viel Räucherwerk wurde ihm gegeben, damit er es mit den Gebeten aller Heiligen auf dem goldenen Altar vor dem Throne darbringe. Und es stieg der Rauch des Räucherwerks mit den Gebeten der Heiligen aus der Hand des Engels vor Gott empor." (Offb 5, 8; 8, 3f)

In der christlichen Liturgie fand Weihrauch erst Verwendung, nachdem die Rauchopfer vor den Götter- und Cäsarenbildern in Vergessenheit geraten waren und man keine Mißverständnisse mehr befürchten mußte. Vom vierten Jahrhundert an aber hat man ihn bei den gottesdienstlichen Handlungen in reichem Maß verwendet. Auch die Kirche wollte nicht auf seine Zeichenhaftigkeit verzichten. Vor allem bei Festgottesdiensten trägt er zur Feierlichkeit bei. Dann werden Kreuz und Altar, Evangelienbuch und Opfergaben, Klerus und Laien beräuchert. Der Weihrauch steigt bei der heiligen Wandlung als Zeichen der Anbetung zu den erhobenen eucharistischen Gaben empor. „Weihrauch: Ein Geheimnis der Schönheit, die von keinem Zweck weiß, sondern frei aufsteigt. Der Liebe, die brennt, und durch den Tod geht." (R. Guardini)

Der Segen

Denn ich gieße Wasser über lechzendes Land und Bäche über ausgetrocknetes Erdreich. Ich gieße meinen Geist aus auf dein Geschlecht und meinen Segen auf deine Sprößlinge. Sie sollen sprossen wie Gras, umgeben von Wasser, wie die Weiden an Wasserläufen.

Jesaja 44, 3 f

Segen bedeutet Fruchtbarkeit, Wachstumskraft, Lebensfülle. Im Gegensatz zum Segen steht der Fluch; er bedeutet Unfruchtbarkeit, Beeinträchtigung des Lebens, Vernichtung und Tod. Das Leben in seiner Fülle ist ein Symbol des göttlichen Segens, der Segen Gottes ein Symbol seiner Leben schaffenden Kraft. Gesegnet ist ein Geschöpf, das Leben zeugen und empfangen darf: „Die Kraft des Segens bewirkt den Weg der Geschlechter durch die Geschichte; es ist diese Segenskraft, die das Leben der Eltern in der Geburt und im Aufwachsen des Sohnes weitergehen läßt, es ist die Kraft des Segens, die der Frau ihre Ehre in der Gemeinschaft als Mutter ihrer Kinder gibt." (C. Westermann) Nur durch die Kraft dieses Segens leben wir. Von Gott kommt den Geschöpfen die Fähigkeit zu, Leben weiterzugeben, das Leben zu erhalten. Wo wir Leben in Fülle erfahren, spüren wir voll Ehrfurcht, wie gesegnet es ist.

Weil ohne Wasser kein Leben gezeugt und empfangen werden kann, das, von Fruchtwasser umgeben und geschützt, der Geburt entgegenreift; weil alles Lebendige zum Gedeihen auf Wasser angewiesen ist, ja zu einem wesentlichen Teil aus Wasser besteht; weil Pflanzen, Tiere und Menschen auf vielfältige Weise dem Wasser verbunden und von ihm abhängig sind, ist dieses Element in der Heiligen Schrift in unzähligen Bildern Zeichen des göttlichen Segens; es verheißt Fruchtbarkeit und Lebensfülle. Dem Volk Israel, aus dem der Messias hervorgehen wird, gilt die Prophezeiung: „Und ich werde über sie einen einzigen Hirten bestellen, der sie weiden soll, meinen Knecht David, der soll sie weiden und ihr Hirte sein. Und ich, Jahwe, werde ihr Gott sein, und mein Knecht David wird Fürst in ihrer Mitte sein. Ich, Jahwe, habe es gesagt. Ich werde mit ihnen einen

Friedensbund schließen und werde die wilden Tiere aus dem Lande ausrotten, so daß sie in der Steppe sicher wohnen und in den Wäldern schlafen können. Ich setze sie rings um meinen Hügel, lasse Regen kommen zur rechten Zeit, segenspendender Regen wird es sein. Dann werden die Bäume des Feldes ihre Frucht bringen, und das Land wird seinen Ertrag geben, sie werden sicher in ihrem Lande sein und erkennen, daß ich Jahwe bin . . . Ich will ihnen eine reichgesegnete Pflanzung erstehen lassen, daß sie nicht mehr im Lande vom Hunger hinweggerafft werden und den Spott der Völker tragen müssen." (Ez 34, 23–27. 29) In das volle Leben, in dem der Segen Gottes uneingeschränkt, unbegrenzt und ungefährdet erfahren werden kann, wird das Volk Gottes durch Christus geführt.

Gott – Urquell des Segens

Segen schenken kann nur, wer Macht hat. Darum geht aller Segen von Gott aus, weil er allein seine Geschöpfe ins Leben rufen und in ihm erhalten kann, weil Wachstum und Reife, Gedeihen und Fruchtbarkeit auf sein Wirken zurückgeht: er ist *der* Segnende, denn er ist mächtig, aus dem Nichts ins Dasein zu rufen. Sein Segen wird uns zuteil durch die Kraft des Heiligen Geistes, diese Kraft des Lebens und der Liebe, die dem Guten zum Durchbruch verhilft; Segen in Fülle brachte der menschgewordene Gott in die Schöpfung ein: die Verheißung des unvergänglichen Lebens, der Teilnahme am Leben Gottes selbst. Der Segen bezeichnet das göttliche Heilswalten: „Segen verdankt sich im letzten dem Wohlwollen Gottes. Gott segnet die Geschöpfe, die Stammväter, die Frommen mit ihren Familien und Nachkommen, das Volk Israel. Doch ist dieser Segen

nicht zu verwechseln mit der Schöpfung; er bezieht sich auf das Sichentfalten, das Weiterentwickeln der Kreatur, weshalb nur lebende Wesen seiner teilhaftig werden. Der Segen hat es demnach mit dem ganzen Lebensbogen des Menschen, mit dessen Geborenwerden und Reifen, dessen Erleben und Erfahren, dessen Altern und Sterben zu tun."[38]
Es ist ein Urbedürfnis des Menschen, nach Glück und Erfüllung, nach Heil und Schutz zu verlangen: er bedarf des Segens. Er erbittet ihn von Gott und darf ihn den Mitmenschen vermitteln: „Gemäß biblischer Auffassung vermag ... der Mensch, sich in den Segensstrom, der von Gott, der Quelle ausgeht, einzuschalten und durch sein Gebet, durch Wunsch und Bitte die heilvolle Kraft anderen zuwenden."[39]
Das Segnen gehört zu den menschlichen Urgesten und findet sich darum in allen Religionen. Besonders großen Raum nimmt der Segen in der Geschichte des Alten und des Neuen Bundes ein. Schon im ersten Schöpfungsbericht heißt es, daß Gott Mann und Frau segnete, als er ihnen und ihren Nachkommen die Erde als Lebensraum übergab (Gen 1, 28). Der Segen Gottes begleitete Abraham, als er aufbrach, um seiner Berufung zu folgen: „Jahwe sprach zu Abraham: ‚Ziehe fort aus deinem Land, aus deiner Verwandtschaft und aus deinem Vaterhaus in das Land, das ich dir zeigen werde! Ich will dich zu einem großen Volke machen. Ich will dich segnen und deinen Namen groß machen, und du sollst ein Segen sein. Ich werde segnen, die dich segnen, und die dich verwünschen, werde ich verfluchen! Durch dich sollen gesegnet sein alle Geschlechter der Erde.'" (Gen 12, 1–3) Hier klingt an, daß Gott Abraham nicht nur seine bleibende Treue und Fürsorge zusichert, sondern daß Abraham seinerseits zum Mittler des göttlichen Segens werden soll.

Nach biblischem Verständnis kommt im Segen die Lebensgemeinschaft zwischen Gott und dem Menschen zum Ausdruck. Das Wort „berek“ wird in der Heiligen Schrift in zweifachem Sinn gebraucht: handelt Gott, so bedeutet es segnen; ist der Mensch der Handelnde, bedeutet es lobpreisen. Dadurch wird die Wechselwirkung zwischen göttlichem und menschlichem Tun herausgestellt. Der Mensch antwortet auf die Gaben, die ihm aus Gottes Lebensfülle zukommen, im Lobpreis seiner Größe und Macht, der wiederum den Segen bewirkt. Diesen Gedanken führt Augustinus so aus: „Segnet uns Gott, so bedeutet das für uns inneres Wachstum; preisen wir Gott, so bedeutet auch das für uns inneres Wachstum. Beides ist gut für uns. Das erste ist der Segen, den wir von Gott empfangen; weil wir ihn empfangen haben, können wir Gott preisen. Von oben kommt der Regen; aus unserem Erdreich wächst die Frucht.“ [40] Immer ist es Gott, der zuerst handeln muß; nur durch sein „allmächtiges Wort“ wird uns Fruchtbarkeit zuteil; aus dem Überfluß seiner Gnade, den wir Segen nennen, leben wir.

Der Glaube an die Kraft des Segens kommt aus der Überzeugung, daß Gott auf geheimnisvollen Wegen menschliches Handeln und menschliches Geschick ihrer Bestimmung entgegenlenkt. Das bedeutet, daß gläubiges Weltverständnis Voraussetzung für das Segnen ist: „Der Segen . . . bringt zeichenhaft zum Ausdruck, daß das gesamte menschliche Leben in allen seinen Dimensionen in das göttliche Heilswalten einbezogen ist. Wer somit zu einem echten Verständnis des Segens gelangen soll, muß in erster Linie auch dazu geführt werden, im Glauben jene tiefere Dimension der menschlichen Geschichte und menschlichen Geschickes zu bejahen, die keine historisch-kritische Wissenschaft nachweisen kann, die aber durch die gläubige

Erfahrung bezeugt ist."[41] Im Segen wird uns die göttliche Gegenwart bewußt, die uns bewahrt und uns dem Leben in Fülle entgegenführen will. Im Segen drückt sich die Gewißheit aus, daß der Mensch nur aus der Kraft Gottes sein Ziel erreichen kann und daß er hier und jetzt seine Nähe und seinen Beistand braucht, um ein sinnvolles, erfülltes Leben führen zu können.
Der Mensch hat Vollmacht, am segnenden Tun Gottes teilzunehmen. Nicht von sich aus kann er segnen, aber er darf den Segen Gottes vermitteln: alles, was uns wert ist, dürfen wir dem Wohlwollen Gottes anempfehlen; wir dürfen darum bitten, daß Gott es segne. Jeder gute Gedanke, mit dem wir einen Menschen begleiten, von dem wir wünschen, daß er sein Ziel erreicht, ist im Grunde schon ein Segensgebet. „Jeder Mensch, der das Wohlergehen der Geschöpfe wünscht, vermag den Segen Gottes auf sie herabzurufen. Er kann sie segnen im Namen Gottes, und, falls er Christ ist, segnet er im Namen Jesu durch den Heiligen Geist."[42] Christus hat als Sohn Gottes die Macht, den Menschen den Segen Gottes zuzuwenden. In ihm hat die Heilsoffenbarung Gottes in der Menschheitsgeschichte ihren Höhepunkt erreicht: Jesus selbst wurde zum Segen für die Menschen, weil sich in ihm die Verheißung Gottes erfüllte. Wenn die Kirche segnet, handelt sie in der Kraft seines Geistes, in der Kraft göttlicher Liebe, durch die der Herr die Welt wieder ihrem Ursprung und Ziel zuführte und uns erkennen ließ, daß alles Geschaffene nur in Gott einen Sinn hat.

Ist die Welt nicht mehr segensbedürftig?

Durch die wissenschaftlich-technische Entwicklung ist der Eindruck entstanden, daß der Mensch die Welt in den Griff bekommen habe. Viele Geschehnisse, die man früher auf einen unmittelbaren Eingriff Gottes oder anderer überweltlicher Mächte in den Lauf der Natur zurückgeführt hat, lassen sich mittlerweile wissenschaftlich erklären; weil man die natürlichen Zusammenhänge deutlicher erkennt, kann man Phänomene auslösen, beeinflussen oder ausschalten, denen man sich in vergangenen Zeiten hilflos ausgeliefert sah. Nun erhebt sich die Frage, ob es in einer Welt, die der Mensch scheinbar aus eigenem gestalten kann, in der fast alles machbar erscheint und in der auch der Mensch selbst aufgrund der inzwischen erworbenen psychologischen Erkenntnisse manipuliert werden kann, noch des Segens Gottes bedarf, ob und wie dieser überhaupt wirksam werden kann. Es gibt heute viele, die den Segen für eine religiöse Geste oder Ausdrucksform halten, die als Relikt einer vergangenen Epoche ihre Bedeutung schon verloren hat, oder doch in naher Zukunft verlieren wird; sie sind der Meinung, daß die Erteilung des Segens eine Tradition sei, die man noch weiterpflegt, obgleich fast jeder weiß, daß sie ihren eigentlichen Sinn längst verloren hat.

Nun trifft es zwar zu, daß der Mensch die Gestaltung seiner Zukunft und der Welt in einem Ausmaß in eigene Regie und Verantwortung genommen hat, wie es noch vor relativ kurzer Zeit unvorstellbar gewesen wäre. Entscheidend für seine Einstellung zum Segen und zum Segnen ist aber nicht die „Mündigkeit" des Menschen, sondern sein Verständnis der Wirklichkeit. Glaubt er, daß sich die Wirklichkeit auf das beschränkt, was ihm innerhalb der Grenzen seiner Erfahrung begegnet, was er mit seinen Sinnen erkennen, messen, ordnen und nach seinen Vorstellungen handhaben kann, oder aber ist er der Überzeugung, daß diese Welt nur Teil einer größeren Wirklichkeit ist, eines Sinngefüges, für das andere Maßstäbe gelten als die menschlichen? Von der

Antwort auf diese Frage hängt es ab, welche Bedeutung der Segen und das Segnen für einen Menschen haben.
Es zeigt sich bereits heute, daß die Skepsis nicht nur gegenüber dem vom Menschen Gemachten, sondern auch gegenüber dem Geschaffenen an sich zunimmt. Wo man sich der Einsicht verschließt, daß die Schöpfung in sich bis ins letzte sinnvoll gestaltet, daß sie Teil einer großen Ordnung ist, in der es gar nicht so viel Raum für Zufälle gibt, wie mancher Pseudowissenschaftler in modisch-spektakulären Publikationen behauptet, wächst der Pessimismus gegenüber der Welt. Man will nicht erkennen oder zugeben, daß erst die in ihren Konsequenzen oft nicht genügend durchdachten, oft anmaßenden und selbstsüchtigen Eingriffe des Menschen in die Schöpfung zu Ergebnissen führen, die solchen Pessimismus rechtfertigen. Wo man hingegen begreift und akzeptiert, daß dem Menschen und seinem Tun Grenzen gesetzt sind, die er nicht überschreiten kann, ohne sich selbst zu gefährden, erkennt und spürt man auch, wie segensbedürftig er ist.
Die Wurzel alles Unguten, das in der Welt und mit der Welt geschieht, ist immer menschlicher Egoismus und Hochmut, der sich dem schöpferischen Willen Gottes widersetzt. So gesehen ist die Bitte um den göttlichen Segen ein Akt der Demut, in dem der Mensch seine Abhängigkeit und Segensbedürftigkeit annimmt: er gibt zu, daß Macht allein Gott hat. Sich unter den Segen Gottes stellen ist auch ein Bekenntnis zur erlösenden Liebe Christi, die uns zeigt, wie die Dinge dieser Welt in der rechten Weise zu gebrauchen sind, und eine Bitte um den Beistand des Heiligen Geistes: „Der Euphorie einer menschlichen Weltgestaltung ist bereits der Pessimismus einer möglichen Zerstörung von Welt und Natur durch den Menschen selbst gefolgt, der ihr nicht nur seine schöpferischen und gestaltenden Spuren einprägt,

sondern auch verderbliche und zerstörende Eingriffe vornimmt. Die quantitative Multiplikation und Ausweitung des Handlungsraumes durch die Technik läßt die qualitative Bedeutung und Auswirkung noch offen; es öffnen sich uns heute die Augen für die unheimliche Ambivalenz dieser vermehrten Handlungsmöglichkeiten, die sowohl dem Leben wie dem Tod, der Versöhnung wie der Feindschaft dienen können. Das quantitativ gewachsene Potential ist qualitativ noch unbestimmt – muß aber vom Menschen in seiner Freiheit bestimmt werden."[43]
Bei aller Bejahung der menschlichen Möglichkeiten ist der Versuch gefährlich, das Geschaffene ohne Bezug zum Schöpfer zu gebrauchen. Wo die Säkularisierung als Ideologie einer in sich geschlossenen Welt verstanden wird, in der es keine transzendenten Bezüge gibt und in der der Mensch autonom, nach eigenen Satzungen und Gesetzen, handeln darf, verliert er jene Freiheit, aus der heraus er seine quantitativ gewachsenen Möglichkeiten zum eigenen Wohl und zum Wohl des Ganzen gebrauchen kann: „Das Geschöpf sinkt ohne den Schöpfer ins Nichts." (J. Baumgartner)
Die rasanten Fortschritte in der wissenschaftlichen Forschung und im technischen Bereich haben zunächst eine Hochstimmung ausgelöst, die ebenso unangebracht ist wie der ihr folgende Skeptizismus und Pessimismus. Der Mensch kann und soll das ihm Mögliche tun – solange er seine Bindung an das geheimnisvolle Wirken des Geistes in Schöpfung und Geschichte nicht leugnet oder sich ihm widersetzt: „Die Aufgabe des gläubigen Menschen von heute verlangt seinen vollen Einsatz, um mitzuarbeiten am umfassenden Heil des Menschen und der gesamten Welt. Gerade wo unser Arm in dieser Aufgabe so oft zu kurz scheint, verweist uns ein lebendiger Glaube auf die Tat-

sache, daß wir in unserem Bemühen nicht allein stehen. In der Menschwerdung hat Gott greifbare Zeichen gesetzt, daß er als der Helfende und Rettende da ist inmitten dieser menschlichen Welt. So gehört es mit zur Aufgabe der Kirche, sprechende Zeichen in Segnung und Weihe zu setzen, daß auch unsere Welt von heute verbunden bleibt mit dem Urquell der Lebensfülle und in ihm immer neu und immer stärker Heilsgemeinschaft werden kann und soll."[44]

Falsch verstandene Segenshandlungen

Die Vorbehalte, die man in unserer Zeit gegenüber den Segenshandlungen hat, beruhen oft auf Mißverständnissen. Viele leben noch in der Vorstellung, daß durch den Segen eine magische Wirkung erreicht werden soll, daß sich der Mensch durch die Bitte um Gottes Segen von eigener Aktivität und Verantwortung frei machen wolle. Nun gibt es tatsächlich auch heute noch ein Segensverständnis, das von Aberglauben und Relikten überholter Denkweisen getragen ist, das also aus der Überzeugung kommt, man könne durch Segensgebete Gott veranlassen, unmittelbar so in das Weltgeschehen einzugreifen, wie es nach den Vorstellungen des Beters wünschenswert wäre. Diese Auffassung von der Kraft und Wirkung des Segens geht auf eine Zeit zurück, in der der Mensch in den Naturereignissen, den politischen, wirtschaftlichen und sozialen Entwicklungen ein nur durch Gott zu lenkendes Schicksal sah, das dieser allein und direkt zum Guten wenden könne. Sie ist zwar auf der Vernunftebene mittlerweile überwunden, wirkt aber im Unterbewußtsein vieler Gläubiger weiter. Auch fällt es vielen schwer, sich von einem im Grunde unchristlichen, magischen Segensverständnis zu lösen. Selbst

in unserer „aufgeklärten“ Zeit sind sie noch des Glaubens, daß einem Menschen oder einer Sache durch den Segen übernatürliche Kräfte zuteil würden, die sich heilbringend demjenigen mitteilen, der in physischen Kontakt mit der gesegneten Person oder Sache kommt.
Ein anderes Mißverständnis beruht auf der Vorstellung, daß durch den Segen Profanes der Welt entzogen und einem sakralen Bereich zugeordnet wird, einem heiligen Bezirk, der – abgesondert von allem Unheiligen, das heißt: nicht ausdrücklich Gott Geweihten – ein Raum ist, in dem sich Gott unmittelbarer und leichter finden läßt. Da aber durch Christus die ganze Welt geheiligt und uns die Gegenwart des Heiligen Geistes überall gewiß ist, kann der Segen keine Aussonderung mehr bedeuten.
Es ist selbstverständlich, daß ein vertieftes Weltverständnis, dem eine zutreffendere Gottesvorstellung entspricht, auch zu einem vertieften Verständnis des Segens und seiner Bedeutung führt. Gottes Segen bedeutet die Gewißheit seiner Nähe, seines Wirkens in uns selbst. Die Bitte um diesen Segen drückt den Wunsch aus, Menschen und Dinge dem Herrn anzuempfehlen; sie ist zugleich Lobpreis seiner Macht und Vollkommenheit.

Ein wirksames Zeichen

Es hieße aber die Kraft des Segens verkennen, wollte man ihm seine Wirksamkeit absprechen. In den Segnungen werden der einzelne und die kirchliche Gemeinschaft auf die Geheimnisse des Glaubens hingewiesen und dadurch fähig, Gott besser zu dienen. Im Licht jener tiefen Gläubigkeit, die in der Bitte um den göttlichen Segen zum Ausdruck kommt, erscheint alles Geschaffene als Zeichen der in der

Natur und im Werk des Menschen wirkenden Schöpfermacht und Güte Gottes: „Bei dem, der sich liebend auf Gott einläßt, ändert sich scheinbar zunächst nichts, und doch tritt er in einen neuen Bereich ein, der ihn verändert. Er sieht die Dinge mit einem anderen Blick. Alles bekommt einen anderen Stellenwert, selbst die rein physischen Dinge, wie Luft, Wasser, Nahrung, Erde, Pflanzen; sie erlangen eine neue Bezugsqualität."[45]

In der Bitte um den Segen bekennt der Mensch, daß er die Welt als Offenbarung Gottes versteht, und er empfiehlt sie dem Herrn der Schöpfung, damit dieser die Macht des Bösen breche und alles Geschaffene in die Ordnung des Heiles hineinnehme, die er durch die Menschwerdung seines Sohnes offenbart hat. Der Christ empfängt und vermittelt Segen im Zeichen des Kreuzes, das ihm Zeichen der Hoffnung, des Glaubens und der erlösenden Liebe ist, die durch den Tod in das unvergängliche Leben führt: er empfängt und vermittelt Segen im Namen des Vaters, der alles Geschaffene ins Sein rief – im Namen des Sohnes, durch den Gottes Liebe in die Schöpfung einging – im Namen des Heiligen Geistes, der uns drängt, in dieser Liebe zu bleiben.

Anmerkungen

(Die vollen Titel der angeführten Werke siehe im Literaturverzeichnis)

1 Kirchgässner, Zeichen 84
2 Ebd. 85
3 Ortlieb 67
4 Kirchgässner, Zeichen 82
5 Forstner 13
6 Kirchgässner, Zeichen 96
7 Jeremias 90
8 Aristoteles 200 b
9 Rombold 25
10 Konstitution über die heilige Liturgie, Art. 7
11 Ebd. Art. 33
12 Guardini 5
13 Konstitution über die heilige Liturgie, Art. 2
14 Kirchgässner, Mensch 163 f.
15 Berger 84 f
16 Ebd. 85
17 Schwabe 169
18 Gelineau: Gd 11 (1977) 33–35
19 Schade 19
20 Schwabe 157. 159 f
21 Schade 180
22 Forstner 17
23 Schade 64
24 Kirchgässner, Zeichen 92
25 Ebd. 85
26 Schade 15
27 Schwabe 151 f
28 Ebd. 176
29 Forstner 25 f
30 Ebd. 95
31 Ebd. 81
32 Kirchgässner, Mensch 66

33 Ders., Zeichen 134
34 Forstner 210
35 Ebd. 212
36 Ebd. 167f
37 Ebd. 168
38 Baumgartner, Durchblick 60
39 Ebd. 61
40 Augustinus, Enarr. in Ps 66 (CChr. SL 39, 856)
41 Schmid 26f
42 Baumgartner, Schwerpunkte 104
43 Wiederkehr 37f
44 Schmid 28
45 Baumgartner, Schwerpunkte 105

Literaturverzeichnis

Angerhausen, Julius, Schafft Schweigen. Freiburg i. Br. 1975

Balthasar, Hans Urs v., Nachwort zur deutschen Übertragung: P. Claudel, Der seidene Schuh. Salzburg 1939

Bamberg, Corona, Wer sich dem An-spruch stellt. Zum Gebetscharakter des Lebens. Würzburg 1976

Baumgartner, Jakob, Ein geschichtlicher Durchblick durch die Segnungen: Ders. (Hg.), Gläubiger Umgang mit der Welt. Die Segnungen der Kirche. Einsiedeln u. Freiburg i. Br. 1976, 50–92

Baumgartner, Jakob, Pastorale Schwerpunkte in der Segnungspraxis: ebd. 93–110

Berger, Peter L., Auf den Spuren der Engel. Die moderne Gesellschaft und die Wiederentdeckung der Transzendenz. Frankfurt am Main 1970

Braunbek, Werner, Die Physik in der Welt von morgen. Düsseldorf 1975

Carus, Carl Gustav, Geheimnisvoll am lichten Tag. Von der Seele des Menschen und der Welt. Leipzig 1944

Forstner, Dorothea, Die Welt der christlichen Symbole. Innsbruck ³1977

Gelineau, Joseph, Symbole aufwerten – aber wie?: Gottesdienst 11 (1977) 33–35

Guardini, Romano, Von heiligen Zeichen. Mainz 1960

Jeremias, Alfred, Handbuch orientalischer Geisteskultur. Leipzig u. Berlin ²1929

Kirchgässner, Alfons, Die mächtigen Zeichen. Freiburg i. Br. 1959

Kirchgässner, Alfons, Der Mensch im Gottesdienst. München 1966

Knechtle, M. Oderisia, Glaubensvertiefung durch das Symbol. Freiburg i. Br. 1965

Ortlieb, Heinz-Dietrich, Die vernunftlose Gesellschaft: Plädoyer für die Vernunft. Signale einer Tendenzwende (Herderbücherei Initiative 1). Freiburg i. Br. 1974, 61–73

Platt, Rutherford, Wasser. Die Substanz des Lebens. Tübingen 1971

Rombold, Günter, Kunst – Protest und Verheißung. Linz 1976

Saint-Exupéry, Antoine de, Die Stadt in der Wüste. Stuttgart 1951

Saint-Exupéry, Antoine de, Wind, Sand und Sterne. Düsseldorf 1958

Schade, Herbert, Gestaltloses Christentum? Perspektiven zum Thema Kirche und Kunst. Aschaffenburg 1971

Schmid, Rudolf, Segnen und Weihen in der Bibel: J. Baumgartner (Hg.), Gläubiger Umgang mit der Welt. Einsiedeln u. Freiburg i. Br. 1976, 13–29

Schwabe, Gerhard H., Ehrfurcht als Lebensbedingung: J. Sudbrack u. a., Heilkraft des Heiligen. Freiburg i. Br. 1975, 140–176

Teilhard de Chardin, Pierre, Lobgesang des Alls. Olten 1964

Walter, Silja, Tanz vor dem Herrn. Zürich 1974

Walter, Silja, Beim Fest des Christus. Zürich 1975

Wiederkehr, Dietrich, Der theologische Ort der Segnungen: J. Baumgartner (Hg.), Gläubiger Umgang mit der Welt. Einsiedeln u. Freiburg i. Br. 1976, 30–49